工业和信息化职业教育"十二五"规划教材立项项目

中 等 职 业 教 育 规 划 教 材

职校生社会适应与发展
Social Adaptation

余飞 曹峰 ■ 主 编

蔡春泉 季勇 ■ 副主编

人民邮电出版社

北 京

图书在版编目（ＣＩＰ）数据

职校生社会适应与发展 / 余飞，曹峰主编. -- 北京：
人民邮电出版社，2015.1
中等职业教育规划教材
ISBN 978-7-115-36736-5

Ⅰ. ①职… Ⅱ. ①余… ②曹… Ⅲ. ①社会生活－适
应能力－能力培养－中等专业学校－教材 Ⅳ. ①G718.3

中国版本图书馆CIP数据核字(2014)第256865号

内 容 提 要

全书共5个模块，主要内容包括团队建设、环境适应、服从与执行、文化认同和公民素养。全书通过基本的理论和生动的案例为职校生融入社会提供了强有力的理论支持和示范引导。本书除了基本的理论介绍之外，更多是由具体的案例介绍构成，具备很强的趣味性、启发性。

本书可作为中等职业学校新生入学教育方面的教材，也可以作为刚踏入社会、走上工作岗位人员的参考书。

◆ 主　　编　余 飞　曹　峰
　　副 主 编　蔡春泉　季　勇
　　责任编辑　刘盛平
　　责任印制　杨林杰

◆ 人民邮电出版社出版发行　　北京市丰台区成寿寺路 11 号
　　邮编　100164　电子邮件　315@ptpress.com.cn
　　网址　http://www.ptpress.com.cn
　　三河市潮河印业有限公司印刷

◆ 开本：787×1092　1/16
　　印张：9.75　　　　　　　　2015 年 1 月第 1 版
　　字数：151 千字　　　　　　2015 年 1 月河北第 1 次印刷

定价：29.80 元

读者服务热线：(010)81055256　印装质量热线：(010)81055316
反盗版热线：(010)81055315

本书编写委员会

主　编　余　飞　曹　峰
副主编　蔡春泉　季　勇
编　委　叶飞飞　陈忠杰　缪小梅　管琳璘

前　言

　　职业教育是以就业为导向的教育，这就意味着就读中等职业学校的学生将比就读普通高中的学生更早地进入社会，走上工作岗位。少了大学阶段的缓冲期，职校生就必须提前做好准备，以适应走出校园后的工作与生活，这是我们编写这本书的初衷。

　　大量的调查显示，中职毕业生在走进社会后，除了自身的专业技能必须过硬外，还应该具有一定的社会适应能力，否则将难以适应社会的发展。这个问题突出地反映在中职毕业生如何融入、建立团队，是否能够迅速了解、适应、熟悉和融入社会，能否服从和执行既定的纪律，是否对社会、学校和国家有热爱之情和归属感、认同感，如何成为一名合格的公民等方面。所以我们选择了团队建设、环境适应、服从与执行、文化认同和公民素养五个主题，基本上都是涉及学生们怎么管理自己、发展自己的一些知识和做法，也是在他们成为职业人后应该懂得的道理，希望能对他们有所帮助。

　　在本书编写中，我们力求体现"以学生为中心"的理念，以个案分析和通俗生动的语言，来阐释在进入社会和走上工作岗位后怎么正确定位自己，适应周围的环境，营造良好的发展氛围等问题。本书采用了模块化结构，使用者可以根据自己的实际情况进行选择。作为中等职业学校德育课程的一个组成部分，本书适合于职业指导、职业生涯发展、社会适应性培养等方面使用。

　　本书在编写过程中得到相关学校领导、专家的关心与支持，在此一并表示感谢。

　　由于作者水平有限，书中难免有不足之处，恳请广大读者批评指正。

编者

2014年6月

目　录

模块一　团队建设

第一课　团队概述…………………………………… 2
第二课　团队组建…………………………………… 7
第三课　团队凝聚力………………………………… 14
第四课　团队精神与团队合作……………… 21
第五课　团队管理…………………………………27

模块二　环境适应

第一课　适应校园环境…………………………… 35
第二课　适应社会环境…………………………… 49
第三课　自我认知………………………………… 64
压力小测试 …………………………………………… 71

模块三　服从与执行

第一课　纪律………………………………………74
第二课　自律………………………………………82

自律能力测试……………………………………… 84
第三课　执行力…………………………………… 87

模块四　文化认同

第一课　校园文化认同…………………………… 94
第二课　企业组织文化认同………………… 96
第三课　社会文化认同………………………… 100
第四课　国家认同……………………………… 107

模块五　公民素养

第一课　社会公德……………………………… 115
第二课　校园公德……………………………… 124
第三课　公民意识……………………………… 129
课堂调研与讨论………………………………… 132

附录

模块一

团队建设

　　团队建设是一种组织创新，随着现代经济的发展，团队建设在企业管理中将发挥越来越大的作用，它有助于企业更好地发掘员工的潜力，为建设高绩效的企业作出巨大贡献。本模块分析了团队建设的理论基础和存在的问题，提出了必须在建立共同愿景、培育团队的协作精神、建立具有领导力和执行力的团队、构建和谐的沟通渠道以及建立激励机制等方面建设高绩效团队的思路。

　　对《财富》上榜的500强企业调查显示，超过1/3的企业宣称"团队合作"是本企业的核心价值观，100%的公司都曾运用项目团队，87%的公司运用功能团队来完成诸如提高质量等的某种具体任务，47%的公司现在正采用固定的工作团队作为完成工作的基本方法。可见，团队作为一种先进的组织形态，在企业发展中正发挥着重要的作用。

　　本模块旨在让同学们了解团队概念，认识团队成员，懂得自己在团队中的位置，能建立自己的学习、生活团队。通过学习感悟，提高集体凝聚力，懂得团队合作的力量。

第一课　团队概述

【案例】

迁徙的雁群一字排开成V字形飞行，大雁每扇动一次翅膀，都是对尾随的同伴的一次激励，可以减少70%的空气阻力。当某只大雁偏离队伍时，它会立即发现单独飞行的阻力，马上飞回队伍，重新借用同伴提供的向上气流。飞行在队伍中的大雁会发出鼓励的叫声，使雁群保持一定的速度。当前导的大雁疲倦时，它会退到队伍的后面，而另一只大雁则会代替它飞到前导位置。当某只雁生病或受伤时，就会有两只大雁伴随在它旁边，康复后它们自己组成队伍再开始飞行，或者追赶上原来的雁群。

【启示】

与拥有相同目标的人同行，能够更容易到达目的地，因为彼此之间能互相推动；紧跟大队伍，乐于接受他人的协助，并帮助别人，互信互助，能更轻松地到达目的地；工作中应该多正面鼓励别人，实现最完美的自我表现；艰巨的任务需要轮流付出，我们要尊重和保护每个人的才能和资源；相互扶持才能增强群体的凝聚力和战斗力。

一、群体的概念

1．群体的定义

组织中的群体是两人或两人以上的集合体，他们遵守共同的行为规范，在情感上相互依赖，在思想上相互影响，而且有着共同的奋斗目标。群体分为正式群体和非正式群体。

2．群体的类型

群体分为命令型群体（学校领导班子）、任务型群体（为任务而共同工作）、利益型群体（有共同关心的具体目标）、友谊型群体（球迷协会）等。

3．群体的产生

人们加入群体是为了满足某些社会需要，如安全需要、情感需要、尊重和认同需要、完成任务的需要等。

4．群体思维

群体思维是一种与群体规范有关的心理症状，它主要是指由于群体压力，而使群体中少数人新颖的或不受欢迎的观点，难以充分地表达出来。群体思维是一种损害了许多群体的疾病，它会严重影响到群体绩效。例如，某人在会议或集体活动中，原准备发表一通自己的看法和"高论"，但当他发现自己的意见和观点与处于控制地位的大多数人的观点不一致时，则多半会修改或放弃自己原有的意见和观点。

5．社会懈怠

社会懈怠是指个体在群体中工作不如单独一个人工作时更努力的倾向。当人们发现自己的贡献无法衡量时，活动的效率就会降低。

【阅读材料】

拉力实验

20世纪20年代末，德国心理学家马克斯·瑞格尔曼比较了拔河实验中的个人绩效和群体绩效。他要求每个人尽力拉绳子，并测量拉力。参加者有时独自拉，有时以3人或8人为一组拉。结果是：个体平均拉力是63公斤；3人的总拉力为160公斤，人均为53公斤；8人的总拉力为248公斤，人均只有31公斤，只是单人拉力力量的一半。瑞格尔曼把这种个体在团体中不卖力的现象称为"社会懈怠"。

二、团队概述

【寓言故事】

在非洲草原上如果见到有羚羊在奔跑，那一定是狮子来了；如果见到狮子在躲避，那就是象群发怒了；如果见到成百上千的狮子和大象集体逃命的壮观景象，那是什么来了？答案是蚂蚁军团！

1．团队的定义

团队是由一群具有优势互补才能的人所组成，致力于共同的宗旨和目标，合理利用每个成员的知识和技能而协同工作，并且愿意共同承担责任的正式群体。

团队的特点：优势互补、共同目标、相互协作、共担责任。

思考题：

以下哪些是团队？龙舟队、旅行团、足球队、候机旅客、乐队、NBA赛季后组成的明星队。

2．团队与群体的区别

团队和一般群体不同，它是一个有机整体，团队成员除了具有独立完成工作的能力之外，同时具有与他人合作并共同完成工作的能力。团队的绩效源于团队成员个人的贡献，同时永远大于团队成员个人贡献的总和，即1+1>2 。而群体中成员没有协同工作的要求，群体的绩效是群体成员个人绩效的总和。

3．团队发展的五个阶段

团队发展的五个阶段主要包括：①形成阶段（目的、结构、领导）；②震荡阶段（凸显内部冲突）；③规范阶段（形成内聚力）；④执行阶段（努力完成任务）；⑤解体阶段（为解散准备）。

4．有效团队的基本特征

有效团队的基本特征包括：①相互间信任；②共同的承诺；③良好的沟通；④应变的能力；⑤合适的领导；⑥内外的支持；⑦明确的目标；⑧相关的技能。

有效团队具体表现为通过合作解决问题，按时完成团队计划，有效的交流和反馈，树立信心并士气高昂，展现出良好的团队精神。

5．有效团队的成员特征

有效团队的成员特征包括：①富有责任感；②合作精神；③乐于助人；④恰当地沟通；⑤尊重他人；⑥信任他人；⑦恰当应对冲突；⑧正确对待分歧；⑨忠诚，正确对待批评；⑩积极进取。

团队的作用是"1+1>2"，团队为员工提供了实现自己理想的平台，每一个员工的所有工作都应以实现团队的目标为中心。

三、团队的类型

斯蒂芬·罗宾斯根据团队存在的目的，拥有自主权的大小，将团队分为以下几类。

1. 多功能型团队

多功能型团队由同一等级、不同部门的员工组成，为完成一项特定的任务，常用于新产品开发中。其优点是不同领域员工之间交换信息，激发出新的观点，解决面临的问题，协调复杂的项目。其缺点是团队成员之间建立信任、合作需要时间。

【阅读材料】

麦当劳危机管理团队由麦当劳营运部、训练部、采购部、政府关系部等部门的资深人员组成，他们平时模拟当危机到来时怎样快速应对。例如，广告牌被风吹倒，砸伤了行人，这时该怎么处理。一些人员考虑是否把被砸伤的人送到医院，如何回答新闻媒体的采访，当家属询问或提出质疑时如何对待；另外一些人要考虑的是如何对这个受伤者负责，保险谁来出，怎样确定保险。所有这些都要求团队成员能够在复杂问题面前做出快速行动，并且进行一些专业化的处理。

2. 问题解决型团队

问题解决型团队的核心任务是提高产品质量、生产效率，改善企业工作环境等。在这样的团队中成员就如何改变工作程序和工作方法相互交流，提出一些建议。成员几乎没有什么实际决策权。

戴明博士从20世纪50年代开始推广的质量改善方案，丰田管理体系和质量圈帮助日本产生了经济奇迹。质量改善的思想包括自我意识、对不同能力的认可和相互的信任，鼓励团队为提高质量而提出建议、实施建议和检验建议，其中还包括理解管理者会在必要时考虑并支持他们的努力，从而改善工作流程。

3. 自我管理式团队

自我管理式团队由5~15人组成，团队成员共同拥有坚定的目标，自行决定工作任务分配、控制工作节奏、进行绩效评估等，具有自我监督的能力与权力，共同担负完成某项任务的全部责任。因为总会有人出面解决问题，团队领导不需事必躬亲，只是从旁协助支持，与团队成员共享一切责任与权利。建设自我管理团队是组织获得成功的一种全新模式。

优点：增进了成员的灵活性；工作分类减少，操作效率提高；出勤率提高、离职率降低；高水平的群体忠诚度和工作满意度；减少管理层，形成扁平式组织结构。

缺点：需要较多的时间去建立，较高的培训投资，早期效率较低，一些成员无法适应一个团队，领导有失去权力和工作的威胁。

【阅读材料】

巴西SEMCO公司老板塞姆勒1993年在幽默著作《反动派》中描述如何将控制严格的公司变成以自理团队为主的公司。在SEMCO公司的自理式团队中，没有传统的金字塔式管理结构，没有经理人或团队领导，只有协调员。准许部分员工与团队自定薪水。

4. 虚拟团队

虚拟团队是指在不同地域的个人通过信息技术进行合作的共同体。虚拟团队成员跨时间、地区甚至跨组织地协同工作。虚拟团队的核心特征是目标、人和相互联系的信息技术（桌面视听会议、合作软件系统和网络技术）。

【阅读材料】

柯达公司：单一用途照相机设计小组，先是在纽约的罗彻斯特大学，后来通过计算机与德国的两名工程师连接，创立了时空独立的虚拟团队，对欧洲市场的机遇快速反应。天腾电脑公司：从伦敦、东京和美国的城市招募信息系统开发者组成虚拟团队，进行伦敦程序编码、美国测试、东京矫正错误等多项任务，每项任务一天24小时都有人参与。

第二课　团队组建

一、团队建设的目的

市场竞争日趋激烈，企业中各项工作的复杂和综合程度不断提高，问题的难度也不断加大，靠单个部门或个人的单打独斗已经无法适应客观环境的变化和要求，无法适应市场环境的要求。团队，是在没有改变整个组织框架的情况下，构建起的"行动小分队"，它既可保证整个组织的稳定性，又可灵活应对市场环境的各种变化。因而，对一个组织而言，有目标各异的各种高绩效团队存在，将大大提高组织对市场环境的反应能力和适应能力，促进组织在瞬息万变的市场环境中生存和发展。团队建设的目的主要有以下几个方面。

（1）增强组织灵活性。市场环境的新变化是企业组织普遍采用团队形式的主要原因。任何企业要想在激烈的竞争环境下生存、发展，都必须改变过去等级分明、决策缓慢、机构臃肿、人浮于事、对外界变化的应变能力差的管理模式。团队给予员工必要的团队工作技能训练，团队工作以灵捷和柔性为其竞争战略。

（2）强烈的动机激励。工作团队由传统的科层组织中的被动接受命令转变为拥有独立的决策权，使团队成员拥有一个更大的活动天地，享有宽松、自主的环境，极大地激励团队成员的工作积极性和创造性。

（3）提高生产率。团队的组织模式使组织结构大大简化，组织内部协调简单，领导和团队、团队和团队以及团队内部成员之间的关系变成伙伴式相互信任和合作的关系，使企业决策层能腾出更多的时间和精力，制定正确的经营发展战略，寻找良好的市场机会，产生比个体简单相加高出很多的劳动生产率。

（4）建设积极的内部员工关系。每个团队都有特定的团队任务和事业目标，团队鼓励每个参与者把个人目标融入和升华为集体的团队目标并承诺他们的共同目标，这就使得企业文化建设中的核心问题——共同价值体系的建立，变成可操作性极强的管理问题。

（5）提高员工素质。团队工作形式培养了员工的技术能力、决策能力和人际关系处理能力，使员工从机器的附属中解放出来，充分体现了以人为本的管理思想。

（6）保证信息传递畅通。信息渠道畅通，提高了信息的开放性、共同性和集成性，改善了组织决策。通过建立企业内联网和企业外部网实现信息的共享和集成，消除了传统组织结构（如宝塔式的科层结构）中由于层层传递所造成的信息失真和延误，提高了信息传递的质量和速度。

二、团队建设的五要素

1．团队建设的五要素

任何一个成熟团队都具备五个基本要素，简称"5P"，即团队目标（purpose）、团队定位（place）、团队计划（plan）、团队职权（power）和团队人员（people）。

（1）团队目标。把工作上相互联系、相互依存的人们组成一个相互合作的群体，使之能够以更有效的合作方式，达成个人的、部门的、组织的和企业的目标。

（2）团队定位。团队目标决定了团队在现有组织结构中的位置，根据目标制定团队规范和确定团队任务。

（3）团队计划。团队如何分配和行使职责和权限？团队成员分别做哪些工作？如何做？

（4）团队职权。对团队负有的职责和享有的权限进行界定。

（5）团队人员。需要选择什么样的人员？真正了解你的人员，整合已有人才资源。

2．团队目标的设计

设计目标，有一个"黄金准则"——SMART（聪明的、系统的、完善的）目标原则：S（specific）表示目标是明确具体的；M（measurable）表示目标是可衡量的；A（acceptable）表示目标是可接受的；R（realizable）表示目标是可实现的；T（time limited）表示目标是有时间限制的。

在确定SMART目标计划后，组织成员进行讨论，推动成员一致认同目标，并阐明每个员工应达到什么目标与如何达到目标，共同树立具有挑战性又可实现的团队目标，使团队成员能够自觉自愿地献身于这个目标。

【小知识】

在团队建设中，有人做过一个调查，问团队成员最需要团队领导做什么，70%以上的人回答——希望团队领导指明目标或方向；而问团队领导最需要团队成员做什么，几乎80%的人回答——希望团队成员朝着目标前进。从这里可以看出，目标在团队建设中的重要性，它是团队所有人都非常关心的事情。有人说：没有行动的远见只能是一种梦想，没有远见的行动只能是一种苦役，远见加行动才是世界的希望。

【小故事】

有一个装扮像魔术师的人来到一个村庄，他向迎面而来的妇人说："我有一颗汤石，如果将他放入烧开的水中，会立刻变出美味的汤来，我现在就煮给大家喝。"

这时，有人就找了一个大锅子，也有人提了一桶水，并且架上炉子和木材，就在广场煮了起来。这个陌生人很小心地把汤石放入滚烫的锅中，然后用汤匙尝了一口，很兴奋地说："太美味了，如果再加入一点洋葱就更好了。"立刻有人冲回家拿了一堆洋葱。陌生人又尝了一口："太棒了，如果再放些肉片就更香了。"又一个妇人快速回家端了一盘肉来。"再有一些蔬菜就完美无缺了。"陌生人又建议道。在陌生人的指挥下，有人拿了盐，有人拿了酱油，也有人捧来了其他材料。当大家一人一碗蹲在那里享用时，他们发现这真是天底下最美味好喝的汤。

【启示】

那不过是陌生人在路边随手捡到的一颗石头。其实只要我们愿意，每个人都可以煮出一锅如此美味的汤。当你贡献自己的一份力量时，众志成城，汤石就在每个人的心中。

三、团队建设的途径

1. 人际关系途径

通过开展良好的交流与培训，实现成员间充分的理解和尊重，形成相互信赖的气氛，公开、坦诚地讨论团队内部关系与冲突，确保团队成员能够以诚实的私人方式进行相互交往，来推动团队工作。

2. 任务导向途径

根据团队所要完成任务的需要，按照技能和技能潜力选拔队员，研究完成此项任务所需要的技能和工作流程，形成具体的目标，并确立指导方针和行为准则，以保证任务的顺利完成。

3．价值观途径

团队建设的核心任务是在成员之间就共同价值观和某些原则达成共识，建立明确具体的团队目标，使全体成员努力为实现此目标而协同工作。团队共识必须具有适合未来进一步发展的能力，以适应新的环境和新的情况。

4．角色界定途径

团队成员以个性和智力的不同担任着不同的团队角色。团队的效能取决于团队成员认同并适应团队内的各种相关力量的程度，只有具备了范围适当、功能平衡的团队角色时，团队才能充分发挥其技术资源的优势。

四、团队角色分析

1．团队角色分析

20世纪70年代梅雷迪斯·贝尔滨发现了 8 个团队的角色：推进者、塑造者、信息者、创新者、协调者、实干者、监督者、完善者。

（1）实干者：能高效地组织实施团队的工作计划，善于将头脑中的想法或计划变成行动。

（2）协调者：喜欢听取别人的建议，能够弥补提议者的不足，促进成员间的交流与合作，培养团队精神。

（3）推进者：团队控制者，能保证每一团员的潜能得到发挥，能充分利用团队的资源来实现团队目标。

（4）创新者：即"楔子"，能关心团队重大问题，喜欢想一些新的主意和策略，总是在为团队寻找解决问题的突破性的方法。

（5）信息者：善于对团队外部的意见、资源和环境变化进行调研，为团队提供信息支持，建立对团队有益的外部联系。

（6）塑造者：能够塑造团队的工作方式，使大家专注团队的目标和首要任务，总想使团队的言论行为有一定的模式和规范。

（7）监督者：是团队的专家，善于分析问题，能够倾听、评价各种想法和建议，避免大的失误，保证团队作出合理决策。

（8）完善者：为完成工作而努力，注重内部工作的细节，能够保证团队不轻易犯疏忽性错误，能使团队始终有一种紧迫感。

2. 团队角色分析的优点和缺点

（1）优点：当整个团队的工作量适当地分配到每一个成员身上，而且每一个成员都能满足所承担的角色要求时，团队才能高效稳定地运行起来。

（2）缺点：当团队面临特殊情况时，团队成员通常会放弃原有的固定角色；每个人并非只扮演一种角色，而是各种角色的混合体；重个人，轻团队。

【案例】

《西游记》——唐僧团队

《西游记》中的唐僧团队，虽然是虚拟的，但是师徒历经百险求取真经的故事，不仅家喻户晓，而且是中国文化的集中代表。这个团队最大的优点就是互补性，领导有权威、有目标，但能力差点；员工有能力，但是自我约束力差，目标不够明确，有时还会开小差。但是总的来看，这个团队是个非常成功的团队，虽然历经九九八十一磨难，但最后修成了正果。很多总裁、领导都非常欣赏唐僧团队，阿里巴巴的总裁马云，就非常欣赏唐僧团队，认为一个理想的团队就应该有这四种角色。一个坚强的团队，基本上要有四种人：德者、能者、智者、劳者。德者领导团队，能者攻克难关，智者出谋划策，劳者执行有力。

德者居上——唐僧是一个目标坚定、品德高尚的人，他受唐王之命，去西天求取真经，以普度众生，广播善缘。要说降妖伏魔的本领，他连最差的白龙马都赶不上，但为什么他能够担任西天取经如此大任的团队领导？关键在于唐僧有三大领导素质：首先，目标明确、善定愿景。作为一个团队领导，能够为团队设定前进目标，描绘未来美好生活是必要素质。领导如果不会制定目标，肯定是个糟糕的领导。唐僧从一开始，就为这个团队设定了西天取经的目标，而且历经磨难，从不动摇。一个企业，也应选择这样的人做领导，团队的领导本身就是企业文化的传承者和传播者，只有他自己坚定不移地信奉公司的文化，以身作则，才能更好地实现团队的目标。其次，手握紧箍，以权制人。如果唐僧没有紧箍咒，估计早被孙悟空一棒打死，或者使唤不动他。这也是一个领导的必备技能，一定要树立自己的权威，没有权威，也就无法成为领导。但是唐僧从来不滥用自己的权力，只有在大是大非的时候，才动用自己的惩罚权，这对企业领导也是有借鉴意义的。组织赋予的惩罚权千万不要滥用，奖励胜于惩罚，这是领导艺术的基本原理。第三，以情感人，以德化人。最初的时候，孙悟空并不尊重唐僧，老觉得这个师傅肉眼凡胎、不识好歹，但是在历经艰险后，唐僧的执著、善良和对自己的关心也感化了孙悟空，让他死心塌地保护唐僧。作为一个团队领导，情感管理也是非常重要的，尤其是在中国文化的大背景下。中国人往往是做生意先交朋友，先认可人，再认可事，对事情的判断主观性比较大。所以在塑造团队精神的时候，领导一定要学会进行情感投资，要多与下属交流、沟通，关心团队成员的衣食住行，塑造一种家庭的氛围。总的来说，作为企业领导，要用人为能，攻心为上。目光如炬，明察秋毫，洞若观火，高瞻远瞩，有眼光就不会犯方向性的错误。

　　能者居前——孙悟空可称得上是老板最喜欢的职业经理人。之所以说老板最喜欢，不是因为孙悟空没缺点，很优秀，而是因为他能力很强，但有缺点，这才是老板最应该用的人才。为什么？假设一个人能力很强，人缘很好，理想又很远大，这样的人往往不甘人下，或者直逼领导位子，或者很容易另起炉灶。孙悟空有个性、有想法、执行力很强，也很敬业、重感情，懂得知恩图报，是个非常优秀的人才。但这样的人才如何才能留住他，如何提升他的忠诚度，这要靠领导艺术，靠企业的文化。在《西游记》中，孙悟空被唐僧赶走过两次，第一次是刚刚认识不久，孙悟空打死了几个强盗，遭到唐僧斥责，结果孙悟空一生气，自己走了。但后来在东海龙王那里，看了一幅画，说的是张良三次为黄石老人桥下拾鞋，谦恭有礼，后被黄石老人授予天书，成就了张良传世伟业的故事。老龙王说："你若不保唐僧，不尽勤劳，不受教诲，到底是个妖仙，休想得成正果。"孙悟空一盘算，觉得有道理，自己被唐僧搭救，而且还可以变妖为仙，自己怎么能这么轻率地就走了呢？所以后来他又回到了唐僧身边。第二次被赶走是三打白骨精后，唐僧决意不能留他，悟空无奈，只好离去，但"止不住腮边泪坠，停云住步，良久方去"，但已经心系唐僧，一听说师傅有难，马上不计前嫌，重新回到团队中去，还要在东海里沐浴一下，生怕师傅嫌他。唐僧用什么方法让孙悟空这么死心塌地？首先得有规矩，得有紧箍咒。规矩是权威，唐僧如果没有了权威，估计孙悟空早不把他放在眼里了。同样地，企业的制度也要有权威，制度的执行一定要严格，不管刚开始推行的时候有多少阻力，但只要坚决执行下去，逐渐就会形成一种氛围与文化，让大家自觉地去遵守。但制度的力量是有限的，制度只能让员工不犯错，但要让员工有凝聚力，与企业同心同德，还要靠情感，唐僧就是靠他的情感管理，用他的执著和人品感化了孙悟空。没有修成正果的目标和愿景，孙悟空也许中途就回去了；没有师徒的情分，估计孙悟空也不会这么卖命；当然，如果没有偶尔的紧箍咒，也许悟空早酿成大错。但孙悟空这样的员工只能是一个好员工，不能成为一个好领导，什么意思呢？孙悟空最大的乐趣是降妖伏魔，常说"抓几个妖怪玩玩"，这是一种工作狂的表现，他不近女色、不恋钱财、不惧劳苦，在降妖伏魔中找到了无限的乐趣。但是他天性顽皮、直言不讳，经常连玉皇大帝、各大神仙都不放在眼里，注定他无法成为一个卓越的领导。但作为一个团队的成员，有了唐僧，就不需要孙悟空有领导能力，否则唐僧的地位肯定要受到动摇。这也就是为什么团队成员的选择要非常慎重，要能够优势互补、能力互补、个性互补。孙悟空的另外一个缺点就是爱卖弄，有了业绩就爱在别人面前显示显示，而且得理不让人，这显然也影响了他继续发展的可能。作为一个领导，一定要非常清楚下属的优缺点，量才而用，人尽其才。

智者在侧——猪八戒是个什么样的员工？从好的方面看，他虽然总是开小差，吃得多、做得少，时时不忘香食美女，但是在大是大非上，立场还是比较坚定，从不与妖精退让妥协，打起妖怪来也不心慈手软；生活上能够随遇而安，工资待遇要求少，有得吃就行，甭管什么东西，而且容易满足，最后被佛祖封了个净坛使者，是个受用贡品的闲职，但他非常高兴，说"还是佛祖向着我"。更为重要的是，他成为西天枯燥旅途的开心果，孙悟空不开心了，就拿他耍耍，有些脏累差的活，都交给他，他虽有怨言，但也能完成。如果没有猪八戒，这个旅途还真无聊。另外，猪八戒的另外一个优点就是对唐僧非常尊敬，孙悟空有不对的地方，他都直言不讳，从某种程度上也增加了唐僧作为领导的协调和管理作用。从不好的方面看，他经常搬弄是非，背后打小报告。另外，在忠诚度方面也差，尤其是刚加入取经团队的时候，动不动就要散伙走人，回高老庄娶媳妇，一点佛心都没有，而且影响了团队的团结和睦。之所以说猪八戒是个智者，完全是站在当今社会的角度。现代社会，员工的压力都很大，如何做一个快乐的人，就要用到猪八戒的人生哲学了。当然，八戒的人生哲学，只是我们在遇到挫折失败时候的一种自我解脱，不能成为自己的主流价值观。首先，不要过于强求。八戒由仙贬妖，而且还成了猪妖，可谓人生不顺，但他过得很快乐。经理人有时在职位、薪酬等个人发展上不得志，是难免的，要学会解脱，不要过于强求，这是人生一大智慧。其次，不要过于压抑。经理人压力大，上有领导，下有员工，外有工作，内有家庭。工作、生活，有的还要边读书、供房、买车，中国人的压力本来就比较大，所以要学会自己找乐。八戒压抑不压抑？不但没了老婆，自从跟了师傅，就没吃饱过。但八戒很厉害，人家见人参果就吃，见妖怪就打，见地方就睡，这叫活得洒脱。不要过于压抑，是人生的一大智慧。有人做过统计，现代女性最想找的老公是猪八戒型的，道理很简单，唐僧太古板，没情调，悟空太机灵，没安全感，只有八戒又幽默，又有情调，还比较实际，是个理想的老公。

劳者居下——如果唐僧这个团队只有他和悟空、八戒三个人，那还是有问题，唐僧只知发号施令，无法推行；悟空只知降妖伏魔、不做小事；八戒只知打打下手、粗心大意；那担子谁挑、马谁喂、后勤谁管？可见一个团队，各种人才都要有。沙和尚是个很好的管家，任劳任怨，心细如丝。他经常站在悟空的一面说服唐僧，但当悟空有了不敬的言语，他又马上跳出来斥责悟空，护卫师傅，可谓是忠心耿耿。企业对于这样的人，一定要给予恰当的位置，如行政、人事、质量管理、客户服务等方面。 沙和尚忠心耿耿，他是唐僧最信任的人，是老板的心腹，但属于那种有忠诚度但能力欠缺的人才，老板喜欢用，但如果重用、大用，就会出问题。许多企业和团队之所以失败，往往坏在沙僧这类角色上，因为是老板的心腹，他们就会得到相当高的权力、地位，但由于能力有限，又无法担当重任，所以往往会造成企业的重大战略决策失误。总的来说，唐僧团队之所以能取得如此辉煌的成就，关键在于这个团队的成员能够优势互补、目标统一，每个人都能发挥自己的效用，所以形成了一个越来越坚强的团队。

第三课　团队凝聚力

　　一个团队成立并稳定生存，团队凝聚力是其必要条件。丧失凝聚力的团队，就犹如一盘散沙，难以持续并呈现低效率工作状态。与其相反的是，如果团队凝聚力较强，那么团队成员就会热情高，做事认真，并不断创新，因此，团队凝聚力也是实现团队目标的重要条件。

　　团队凝聚力是指团队对成员的吸引力，成员对团队的向心力，以及团队成员之间的相互吸引。团队凝聚力不仅是维持团队存在的必要条件，而且对团队潜能的发挥有很重要的作用。

　　1．团队对所有成员的吸引力

　　美国社会心理学家L.费斯汀格认为团队凝聚力是使团体成员停留在团体内的合力，也就是一种人际吸引力。这种吸引力与力学有一些相同之处。例如，一个人在玩流星球时，流星球就是围绕手这个中心转，不会丢失，手就是中心点。凝聚力的中心点是什么？就是一个团队对所有成员的吸引力。这主要表现在以下三个方面。

（1）团队本身对成员的吸引力。团队的目标方向、组织形态、行业精神、社会位置等适合成员，吸引力就大，反之吸引力就会降低，甚至会使成员厌倦、反感，从而脱离团队。

（2）满足所有成员多种需要的吸引力。团队满足成员个人的各种物质和心理需要，是增强团体吸引力的最重要条件。

（3）团队内部成员间的吸引力。团队成员利益一致，关系和谐，互相关心、爱护和帮助，吸引力就大；反之，吸引力就小，甚至反感，相互排斥。

政商界领导者、私人演讲教练柏君先生认为：所谓团队，就是建立在一个相互信任的基础上，在某个阶段为了某一个集中的目标和梦想而前进的一群人。他们立场明确、梦想和目标明确，行动一致、连贯、紧密、互助和互补。所谓凝聚力，是领导凝聚团队的力量，和团队向上凝聚的力量。二者相应互衬。

2．团队凝聚力的影响因素

（1）团队成员的组成。

① 团队的规模。团队的规模越大，团队的凝聚力就越低。由于团队规模增大，团队成员间互动的机会和可能性就减小，从而难以形成凝聚力；反之，团队规模越小（一般认为5~12人比较合适），团队成员间互动的机会增大，团队成员就越容易融为一体，从而形成更强的凝聚力。

② 成员的相似性。所谓成员的相似性，是指根据个人档案记录归纳总结的比较明显的个体特征，也包括那些难以观察、对人的行为模式更具决定性影响的深层次因素，如个性、态度、价值观及其他心理因素等，还包括个体内在特性动态集合所产生的总体特征。

③ 成员的相吸性。美国心理学家纽康姆指出，如果A从B身上发现了自己喜欢的某种品质特征，如名声和社会地位、愉悦、支持性以及其他令人喜欢的个性特点等，A会对B表示赞美、钦佩。成员间的这种相互吸引，会使得他们愿意在一起共同完成某项任务。

（2）团队任务。

① 任务目标的一致性。目标一致是形成凝聚力的前提条件。首先，如果团队目

标与个体目标是一致的，那么个体就会被团队所吸引；其次，团队建立共同目标的过程往往意味着确立竞争对手或"共同敌人"的过程。有研究表明，"共同敌人"的出现会加强团队内部的认同，也会使团队成员的身份显得更加重要。

② 目标任务实现过程中的相互依赖程度。如果要实现团队目标需要每个团队成员的共同努力且密切协作完成，则团队成员在行为、情绪和心理上就会与其他成员融为一体，形成合力，所以，团队实现目标的过程也是凝聚力形成的过程；相反，如果目标实现过程中所必需的相互信赖程度低，则不易形成团队凝聚力。

③ 团队任务对成员的吸引力。完成团队任务的活动内容、形式、频率适合成员，吸引力就大；反之，活动不受成员的欢迎，吸引力就会降低，甚至会令成员产生厌倦、反感心理，从而脱离团队。

④ 任务的难度。重复和繁冗的常规任务会带来倦怠并影响团队凝聚力，而以团队为进行单位，具有一定挑战性并经过努力可以达到的任务，这样的任务能够为整个团队带来共同面对压力的经验，完成这类任务，必须要团队成员保持高度一致，齐心协力，这样一个完成任务的过程，也就促进更高凝聚力的形成。

（3）团队内部管理。

① 领导方式。勒温等人的经典实验比较了在"民主"、"专制"和"放任"这三种领导方式下各实验小组的凝聚力和团队气氛。结果发现，民主型领导方式组比其他组成员之间更友爱，成员工作态度更积极，思想更活跃，凝聚力更强。

② 激励方式。不同的激励因素和激励水平，对成员产生的吸引力也不同。能够促进团队凝聚力的激励因素，主要指能够强化归属感的各种情感因素。每个团队成员都有自己的心理需求，每个人的心理需求各不相同，有些个体有归属于某一团队的需求，有些人则对权力有很高的要求，有些个体有沟通与身份地位的需求，而有些人有自我评价的需求等。团队是否能够持续为其成员提供其所期望的激励，会对团队凝聚力产生重要影响，团队领导者可以在很大程度上影响和控制这类影响团队成员需求的因素。

③ 沟通。成员之间的沟通有利于对团队任务的理解和及时了解对方的进展情况，从而对自己的工作进行适当调整，以便更好地完成团队任务。在有效沟通的基础上，个体与团队才能维持相互信任，才能增强个体对团队的归属感。

④ 规范。团队有无一定的规范，也会影响到团队凝聚力的形成与发展，如果制定有效适宜的团队规范，会在一定程度上约束成员的行为，使成员行为最大程度地指向团队任务。另外高凝聚力的团队一般较易产生共认规范；相反，低凝聚力的团队一般难以形成共认规范。

（4）外部因素。一个团队总是与外界环境不断地发生着交互作用，积极进取的外部环境必然会对团队凝聚力的增强起到正面的促进作用。相反，消极的外部环境则会对团队凝聚力产生负面影响。如团队间的合理竞争会增强团队凝聚力。当团队之间开展竞争时，各自的团体内部就会产生压力和威胁，迫使所有的成员自觉地团结起来，减少内部分歧。能够忠于自己的团队，维护团队的利益，一致对外，以避免自己的团队受挫、受损。这样，团队成员间的关系就变得密切起来，大家同舟共济，共赴使命，团队的凝聚力也就得以提高与加强。

3．提高公司团队凝聚力的方法

在企业的核心竞争资源中，人力资源是个重要元素，是企业核心竞争力的基础动力之一。如何有效地配置人力资源，最大程度地发挥人力资源优势，成为企业倾情关注的课题。21世纪理性营销时代的到来，使个人英雄无法再在营销舞台上独唱主角，依靠个人力量叱咤风云、劲舞弄潮的日子一去不返。团队，这个营销时尚名词，开始被越来越多的企业深讨钻研。团队管理，正被纳入企业人力资源管理的新领域。

拳头伤人之所以要比手指伤人或者巴掌伤人疼得多，是因为当拳头攥紧时，整只手上的全部力量都凝聚在拳心，它更强大！如果一支军队能够攻城略地百战不殆，它最大的特征就应该是人和。在营销领域，一支优秀的经济团队同样如此，强大的凝聚力，成为他们成就梦想创造辉煌的制胜法宝。那么，立足于企业的视角，怎样才能把团队中分散的力量敛聚起来，也就是如何提高团队的凝聚力呢？

（1）为企业员工规划一个共同的远景展望。企业远景，就是企业的发展和前途，是企业行为的根本目标，是员工信心的基础来源。看得到远方的灯火，脚下的路才开始坚实。船队出海，没有目标的航程，各路船只就要迷失方向，四散漂流。所谓道不同不相为谋，愿望不同展望不同，就谈不上凝聚。企业应该依靠文化建设将员工的价值观和企业的核心价值观统一起来，确保把员工的积极性激活，才能真正实现员工为企业的前程为自己的前程，团结一致，全力以赴，去奋斗！

（2）经营企业如同治理国家，君圣则国兴，主庸则家败。团队有它的核心力量，也就是领导阶层。强将精兵，一位优秀的领导能成就一支完美的团队。领导是团队的先锋头羊、策划军师、指挥元帅，领导的一言一行甚至一笑一颦都可能对团队产生影响。做事先做人，与其说一支团队能够团结在某位领导身边，不如说这支团队是齐聚在某种人格魅力麾下。作为团队领导，首先把管理的目光投向自己，不停歇地规范自己、完善自己和超越自己，树表率，立威信，讲亲和，在团队管理过程中，显得尤为重要。

（3）为员工创造可持续发展的发展环境。企业在追求自身可持续发展的同时，也要兼顾员工的可持续发展。著名的马斯洛理论把人的需求划分为三个层次：生存需求、关系需求和成长需求。为了控制团队力量的流失，就要求企业为员工提供一套完善的激励培训机制，营造良好的学习与提高的氛围，帮助员工实现自我成长，实现价值追求。企业的培训应该联系企业文化，着眼于细微之处，落实于生活之中，从做人点滴到做事精要，从理论到实践，全方位多角度地展开，培养员工的归宿感、使命感。而员工的全面成长，也将为企业发展蓄积强大后续动力，推动企业现代化管理步入良性循环的轨道。

（4）深化内部分工，标树外部强敌。很多企业过分强调职权晋升，以此激发员工上进心，催化员工积极性，却一不留神产生误导，人为制造了内部矛盾，无法沟通调和，要么忍痛割爱，要么坐视矛盾激化，结果就是团队溃散，企业收拾尴尬残局。可谓处心积虑，功亏一篑。其实，理智的企业引导，必须要员工清楚：真正的竞争来自外部，员工应该加强危机意识——企业自身若得不到稳定的发展，就不能满足员工的各种期望；只有团队内部上下同心、协调一致，争取到企业的业绩，才能留有个人的空间。同时，企业要建立一整套公正合理的考核体系，充分评估员工的优缺长短，准确分工，以人适其位人尽其责为原则，把平等、合作诉为理念，深拢人心，建设一支默契团队。

（5）保持团队的清洁。肿瘤最可怕之处在于它不休的扩散。我们常常看到一些原本俊俏的团队，由于少数不安分成员的存在，变得横眉竖眼、面目全非。我们称之为"团队垃圾现象"。任何团队都无力保证永远只吸纳德才兼备者入围，"垃圾"的滋生不容易避免，而能否迅速地清除"垃圾"就成了团队成败的重要因素。企业用人之道，宜以德为本，讲究量身定做，品行优先。对待个人主义、消极思想者，可及时警告，善利善导，仍不能促其矫正，则予以淘汰；而对待拥有不良品质者，则应立刻开除出队伍，绝无姑息余地。

远景、领导、培训、分工、淘汰，企业在把握这些要素时，需要注意细节，微观管理，吸点滴汇江河，以积累见实效，凭缜密胜全局，引发团队的凝聚，将昭示伟大的胜利。

【案例】

狼的团队精神

狼过着群居生活，一般七匹为一群，每一匹都要为群体的繁荣与发展承担一份责任。狼与狼之间的默契配合成为狼成功的决定性因素。不管做什么事情，它们总能依靠团体的力量去完成。狼的耐心总是令人惊奇，它们可以为一个目标耗费相当长的时间而丝毫不觉厌烦。敏锐的观察力、专一的目标、默契的配合、好奇心、注意细节以及锲而不舍的耐心使狼总能获得成功。狼的态度很单纯，那就是对成功坚定不移地向往。在狼的生命中，没有什么可以替代锲而不舍的精神，正因为它才使得狼得以生存下来。狼群的凝聚力、团队精神和训练成为它们生死存亡的决定性因素。正因为此，狼群很少真正受到其他动物的威胁。狼驾驭变化的能力使它们成为地球上生命力最顽强的动物之一。

默契配合是狼群成功的决定性因素。多么壮丽的场面！广阔无垠的旷野上，一群狼踏着积雪寻找猎物。它们最常用的一种行进方法是单列行进，一匹挨一匹。领头狼的体力消耗最大。作为开路先锋，他在松软的雪地上率先冲开一条小路，以便让后边的狼保存体力。领头狼累了时，便会让到一边，让紧跟在身后的那匹狼接替它的位置。这样它就可以跟在队尾，轻松一下，养精蓄锐，迎接新的挑战。在一对头狼夫妇的带领下，狼群中每一匹狼要为了群体的幸福承担一份责任。例如，在母头狼产下一窝幼崽后，通常会有一位"叔叔"担当起"总保姆"的工作，这样母头狼就可以暂时摆脱当母亲的责任，和公头狼去进行"蜜月狩猎"。狼群中每个成员都不希望做固定的猎手、保姆或哨兵——不过，每一匹狼都在扮演着至关重要的角色。早在与成年狼嬉闹玩耍时，狼崽们就被耐心地训练承担领导狼群的重任。他们这样做是因为生活本该是这样。成功的团体和幸福的家庭也是如此。每位成员不仅要承担自己的义务，还要准备随时承担起更大的领导责任。一个团体的生命力很可能就维系于此。

　　狼不仅与同类密切合作，还可以与其他种类的生物和睦相处。这样做的目的就是为了达到双方合意的目标，有时就单是为了好玩儿。乌鸦就是一个例子。乌鸦富有空间观察的经验，当它发现一个受伤或死掉的猎物时，通常会像报信者一样，把狼和其他乌鸦叫到现场。狼可以撕开猎物的尸体，于是就为大家提供了足够享用几天的美食。狼有时会闹着玩地扑向狡猾的乌鸦，乌鸦则会在狼进食的时候啄它的屁股。两种动物不仅能和平相处，而且很显然它们之间存在着依据大自然的效率法则和数千年的经验逐渐形成的错综复杂的合作关系。狼与狼之间的默契配合成为狼成功的决定性因素。同样，它们与人类之间的默契配合也有助于改善两者的生活环境。

　　狼故事的小结：合作、团结、耐力、执著、拼搏、和谐共生、忠诚！

　　狼的十大处世哲学

　　卧薪尝胆：狼不会为了所谓的尊严在自己弱小时攻击比自己强大的东西。

　　众狼一心：狼如果不得不面对比自己强大的东西，必群起而攻之。

　　自知之明：狼也很想当兽王，但狼知道自己是狼不是老虎。

　　顺水行舟：狼知道如何用最小的代价，换取最大的回报。

　　同进同退：狼虽然通常独自活动，但却是最团结的动物，你不会发现有哪只狼在同伴受伤时独自逃走。

　　表里如一：狼也很想当一个善良的动物，但狼也知道自己的胃只能消化肉，所以狼唯一能做的只有干干净净地吃掉每次捕获的猎物。

　　知己知彼：狼尊重每个对手，狼在每次攻击前都会去了解对手，而不会轻视它，所以狼一生的攻击很少失误。

　　狼也钟情：公狼会在母狼怀孕后，一直保护母狼，直到小狼有独立生存能力。所以狼很不满人把那些不钟情的人称之为狼心狗肺！因为这不公平！！

　　授狼以渔：狼会在小狼有独立生存能力的时候坚决离开它，因为狼知道，如果当不成狼，就只能当羊了。

　　自由可贵：狼不会为了嗟来之食而不顾尊严地向主人摇头晃尾。因为狼知道，决不可有傲气，但不可无傲骨，所以狼有时也会独自哼哼自由歌。

第四课　团队精神与团队合作

俗话说："一个和尚挑水喝，两个和尚抬水喝，三个和尚没水喝。""一只蚂蚁来搬米，搬来搬去搬不起；两只蚂蚁来搬米，身体晃来又晃去；三只蚂蚁来搬米，轻轻抬着进洞里。"上面这两种说法有截然不同的结果。"三个和尚"是一个团体，可是他们没水喝是因为互相推诿、不讲协作；"三只蚂蚁来搬米"之所以能"轻轻抬着进洞里"，正是团结协作的结果。

一、团队精神培育

1. 团队精神

团队精神简单地说，就是大局意识、协作精神和服务精神的集中体现。团队精神的基础是尊重个人的兴趣和成就。核心是协同合作，最高境界是全体成员的向心力、凝聚力，反映的是个体利益和整体利益的统一，并进而保证组织的高效率运转。挥洒个性、表现特长保证了成员共同完成任务目标，而明确的协作意愿和协作方式则产生了真正的内心动力。团队精神是组织文化的一部分。

【案例】

在校期间，在入团的过程中，我们那个小组就很充分地体现了团队精神的内涵。我作为那个团队中的一员，积极配合组长的工作，就某些活动也会提出自己不同的看法。当然在讨论某个活动时，也是先征求组员的意见和想法，再从多方面考虑方案的可行性，能够好好地调整个人利益和整体利益，问题也就简单很多。例如有次团小组组织了一次探访学校附近乡村穷困老人送爱心的活动，从策划这次活动到活动结束，每个小组成员都是抱着很积极的态度去参与，是经过大家讨论之后分配任务，小组又分为几个2~3人的小团队去完成自己该做的，有负责采购生活基本物资的，有负责找寻特殊群体的，有负责帮助老人干活的等。这次活动结束后，都感受颇深，为我们的团队精神，为老人脸上欣慰的笑容，为这些需要关爱的空巢老人们，我们看似简单的一句话却也能够温暖人心。

2．团队精神三要素

团队可以提高成员的工作能力和工作绩效，团队精神可以使组织充满活力、凝聚力和战斗力，团队力量的发挥是组织赢得市场竞争的必要条件。而团队精神主要体现在以下三个方面。

（1）合作精神。也就是团体意识或大局意识，成员间良好的互尊互信、优势互补的合作态度。成员信奉团体的价值，在为了同一目标而积极进取的过程中，能够顾全大局，"强者"帮助"弱者"，克服"木桶理论"的短板效应，提高组织的凝聚力和战斗力，通过合作完成工作任务，个体利益统一在整体利益之中。合作是团队的基础。

（2）奉献精神。组织的高效率运转，需要成员不断开发自己的潜能，充分发挥创新能力，自动自发地为组织服务，为团队贡献自己的智慧和力量。在实现组织目标的同时，体现自己的人生价值。没有个体的真诚奉献，便没有团队的卓越绩效。奉献是团队的实质。

（3）共享精神。团队合作的前提是共同目标下的共同承诺，从而形成共同的价值观和行为规范，为实现团队的目标而共同努力工作。承诺就是责任，共同的承诺就是共担责任，共享就是团队成员共担责任的同时也共同享有团队奋斗的成果。共享是团队的纽带。

团队精神强调的是组织内部成员间的合作态度，为了一个统一的目标，成员自觉地认同肩负的责任并愿意为此目标共同奉献。团队精神是企业文化的重要组成部分。

3．团队精神的作用

在组织中培养员工的团队精神，对于提升员工的职业道德水平和绩效能力，具有积极意义。作用如下。

（1）目标导向功能。团队精神的培养，使员工能够齐心协力朝着一个目标努力，整体的目标分解成各个小目标或工作任务，在每个员工身上得到落实。

（2）凝聚功能。任何组织群体都需要一种凝聚力，传统的管理方法是通过组织系统自上而下的行政指令，淡化了个人感情和社会心理等方面的需求，而通过团队精神对群体意识的培养，通过员工在长期的实践中形成的习惯、信仰、动机、兴趣等文化心理，来沟通人们的思想，引导人们产生共同的使命感、归属感和认同感，来逐渐形成共同的价值观和行为规范，产生一种强大的凝聚力。

（3）激励功能。团队精神要求员工积极进取，自觉地向优秀的员工学习，从而能够得到团队的认可，获得团队中其他员工的尊敬，以实现激励功能。

（4）控制功能。个体行为需要控制，群体行为需要协调。用团队精神所形成的价值观念和组织氛围，去影响和约束员工的个体行为。制度约束是外在硬性的，而意识约束是内在软性的，这种控制更为持久也更深入人心。

4．团队精神的培养

在所有的动物之中，狼是将团队精神发挥得淋漓尽致的动物。狼团队在捕猎时非常强调团结和协作，因为狼与其他动物相比，实在没有什么特别的个体优势，在生存、竞争、发展的动物世界里，它们懂得了团队的重要性，久而久之，狼群也就演化成了"打群架"的高手。狼群总是协同作战，正是因为如此，虽单打独斗狼不敌虎、狮、豹，但狼群可以杀死它们，在草原上所有的猛兽都被狼驱逐出草原，任何动物遇到狼群都相当害怕，为什么？因为狼靠的是协同作战，所以其他动物都不敢惹狼。狼群在围猎时，有严格的战术和作战纪律。每头狼都有自己的任务，任何狼都不能擅离职守。有些狼要作先锋，去骚扰猎物；跑得快的狼去围追或者到前面堵截；强壮的狼去猎杀强壮的猎物；弱小的狼去猎杀相对弱小的猎物。

团队精神培养取决于团队的领导者和活动组织者；团队精神的培养取决于组成团队的每一个成员素质。当然，团队精神的基础是尊重个人兴趣和成就，核心是协同合作，最高境界是全体成员的向心力、凝聚力，反映的是个体利益和整体利益的统一，进而保证组织的高效率运转。

二、团队合作

团队合作指的是一群有能力、有信念的人在特定的团队中，为了一个共同的目标相互支持合作奋斗的过程。它可以调动团队成员的所有资源和才智，并且会自动地驱除所有不和谐和不公正现象，同时会给予那些有诚心、大公无私的奉献者适当的回报。如果团队合作是出于自觉自愿时，它必将会产生一股强大而且持久的力量。

1．团队合作的表现

（1）成员密切合作，配合默契，共同决策和与他人协商；

（2）决策之前听取相关意见，把手头的任务和别人的意见联系起来；

（3）在变化的环境中担任各种角色；

（4）经常评估团队的有效性和本人在团队中的长处和短处。

2．团队合作能力从初级到高级的具体行为表现

（1）团队合作能力等级Ⅰ。

① 尊重其他团队成员，努力使自己融入团队之中；

② 将个人努力与实现团队目标结合起来，完成自己在团队中的任务，以实际工作支持团队的决定，成为可靠的团队成员；

③ 为完成工作和团队成员进行非正式的讨论，在团队决策时提出自己的建议及理由，尊重、认同上级认为是重要的事情并执行其相关决策；

④ 作为团队一员，随时告知其他成员有关团队活动、个人行动和重要的事件，共享有关的信息；

⑤ 认识到团队成员的不同特点，并且把它作为可以接触、学习知识与获取信息的机会。

（2）团队合作能力等级Ⅱ。

① 根据工作需要组建小型团队，营造开放、包容和互相支持的气氛，加强集体向心力；

② 为团队成员示范所期望的行为，并采用各种方式来提高团队的士气和改进团队的工作效率。确保团队任务的及时完成；

③ 明确有碍于达成团队目标的因素，并试图排除这些障碍；

④ 鼓励团队成员参加团队讨论与团队决定，倡导团队内部的沟通和合作，以推进团队目标设定与问题的解决；

⑤ 指导其他成员的工作，对其他团队成员的能力和贡献抱着积极的态度，用积极的口吻评价团队成员；

⑥ 能够利用正式或非正式的沟通渠道及现有的信息系统在团队内部进行知识和信息的交流与共享。

（3）团队合作能力等级Ⅲ。

① 根据组织的战略目标来确定团队建设的目标、规模及责任，在全体团队成员中促成理解、达成共识，并得以贯彻实施；

② 确保团队的需要得到满足，为团队争取所需要的各种资源，如人力、物力、财力或有关信息等；

③ 确保团队成员之间能力和知识的互补，在分配团队任务的时候，既能照顾到员工的发展，又能实现团队的目标；

④ 化解团队中的冲突，维护和加强团队的名誉；

⑤ 通过团队内有效合作及适当的竞争提高团队的整体绩效。

（4）团队合作能力等级Ⅳ。

① 具有个人魅力和领导气质，能够指出组织或团队的发展方向和目标，使团队成员充满工作激情，愿意为团队目标的实现竭尽全力；

② 对团队成员有全面的认识，有效地应用群体运作机制，从而引导一个群体实现团队目标；

③ 有目的地创建互相依赖的团体合作精神，在团队间合理有效地调配资源，加强不同目标和背景的团队之间的配合，以促成组织整体业务目标的实现；

④ 采取行动在组织中营造精诚合作与公平竞争的氛围；

⑤ 通过各种手段，如设计团队标志等，塑造健康优秀的团队形象，使组织或团队能被外界或有关组织认同和推崇。

3．团队合作的技巧

（1）遵守团队制度。团队各项制度的规定主要是为了防止效率低下和个人惰性的滋生。在制度模式下，由于利益的潜在诱导，必然影响到人们行为的选择；而制度特有的对于权利义务的明确界定，使得制度具备了有效阻遏惰性的功能。

团队在运作过程中，如果采取散兵游勇式的模式，可以想象我们为了维护团队正常的工作，需要付出多么大的成本！但幸好企业发展的经验，已经为我们提供了绝好的管理方法，即建立团队的制度来作为团队的指南。通过制度，团队的发展将变得有章可循，队员在进行行为选择时，也将拥有明确的理性预期，而团队的管理也将节省一大笔资金。此外，员工只有了解团队的制度，熟悉团队的规划，才能使自己与团队的节奏保持一致，从而使整个团队发挥其最大效能。

（2）营造民主气氛。一个团队如果缺少民主氛围，那么这个团队就会死气沉沉，没有一点活力。营造民主气氛，团队领导起到了关键作用。但作为团队中的一员，你有权利也有义务就团队事务发表自己的看法。设想一下你是否满意目前你所在团队的氛围，你是否觉得自己状态良好，而且潜能得到了发挥？

如果你对你的团队的氛围还比较满意，那么你一定要积极地投入到你的团队中去，主动地参与团队的各种活动，热情地帮助你的队友，但也要注意不要越俎代庖，干涉别人的事务！如果你对你的团队的不民主的作风非常反感，建议你主动去找团队的领导就此进行沟通，注意态度一定要诚恳，要本着促进团队发展的心态和合作的理念去沟通，否则，演变成团队的内讧就事与愿违了。如果你在试着跟团队的领导沟通时，你的意见被忽视或者被嗤之以鼻，那么，为了你的发展，你最好还是离开该团队，否则你的才能发挥会受到很大限制而且你工作也不会顺心。

（3）和队友建立亲密朋友关系。虽然不少人都认为，在同事之间不可能存在真正的友谊。其实不然，要知道没有任何人可以将工作与私人的关系分得一清二楚，所以，当你与你的同事建立起亲密的私人关系时，这种个人之间的良好关系会潜移默化地对团队的发展起到重大作用。更为重要的是，当你与你的队友、领导建立起了良好的私人关系时，你将发现，融入团队，并不是一件难事！而如果你固执认为同事间总是为了利益而相互倾轧，因而将自己封闭起来不与同事进行沟通，那么你的团队合作关系可能就不会朝良性方向发展。千万不要认为工作和私人是两码事，为了更好地与团队合作，最好能试着与同事建立亲密的私人关系。

第五课　团队管理

一、团队规范

团队规范指团队的价值观念与行为规范，也是团队对于个人行为方式的期望，团队规范的目的在于提高团队的自我管理、自我控制的能力，以利于充分发扬合作、贡献和共享的团队精神。

二、团队冲突

当一个团队内存在着现实的或感知的差异，并且导致情绪性反应的结果，就意味着出现了冲突。

1．恶性冲突

持不同意见的双方的目的和途径不一致，在冲突的过程中不分场合、途径，过多地纠缠于细枝末节，是团队内耗的主要原因，严重时还可能会导致团队的分裂甚至解体。这类冲突是管理层所应当尽量避免的。

2．良性冲突

双方有共同的奋斗目标，通过一致的途径及场合了解对方的观点、意见，大家以争论的问题为中心，在冲突中互相交换信息，最终达成一致。这类冲突对于企业目标的实现是有利的，应当加以鼓励和适当引导。

3．团队冲突发生的原因

不同的价值观、习惯认同和文化习俗，团队内部沟通不良，组织结构存在功能缺陷，权力和资源分配的竞争性等都有可能导致团队冲突。

（1）人的"个性"。人存在着潜在的侵略意识，人们常把组织当作冲突的场所。

（2）有限资源的争夺。上层管理者的时间往往也是争夺的一种稀有资源。

（3）价值观和利益的冲突。老年员工与青年员工之间的冲突；营销部门希望更新产品，生产部门要生产标准化，而产生利益冲突。

（4）角色冲突。组织中的个人和群体由于承担的角色不同，各有其特殊性的任务和职责，从而产生不同的需要和利益，因而发生冲突。

（5）追逐权力。人们常常为了取得某项权力而攻击对方，抬高自己，打击别人。

（6）职责规定不清。职责规定不清会使两个部门对工作互相推诿或争相插手，从而引起冲突。

（7）组织出现变更。例如，机构精简和合并，原来的平衡被打破。

（8）组织风气不正。组织风气正，则多为建设性冲突，且冲突程度适中；组织风气不正，人际关系庸俗化，则多为破坏性冲突，且冲突程度易失控。

冲突的程度与人的互依性、目标差异和知觉差异有关。马克思说："人们奋斗所争取的一切，都同他们的利益有关。"

4．冲突的处理

以试图使他人的关心点得到满足为横坐标，以试图使自己的关心点得到满足为纵坐标，定义冲突行为的二维空间，并组合成五种冲突处理策略。

（1）竞争：只满足自身利益，为达到目标而无视他人利益，常含有权力因素。应付危机或双方实力相差很大时往往有效。

（2）回避：试图置身于冲突之外，无视矛盾的存在，或保持中立。当冲突双方依赖性很低时，回避可避免冲突；当双方依赖性很高时，则会影响工作，降低绩效。

（3）迁就：只考虑对方的利益或屈从对方意愿，如恭维对方、不指责对方、为对方提供帮助等。

（4）妥协：妥协实质上是一种交易，双方的目标都是在现有条件下获得最大利益。消极影响是双方可能因为妥协满足了短期利益，而牺牲了长期利益。

（5）合作：以互补共得为特征的协调各方利益的努力。合作是积极理解对方的需求，尽可能地满足双方的利益。

合作性协商的好处是：坦率和真诚的互动有助于关系的真正改善；使冲突成为

革新和改善关系的动力；增加沟通和扩大信息流；解释争端可能增进趋同情感和信任气氛。

三、团队授权

1．授权的含义

授权是20世纪90年代兴起的一种管理思潮，它强调赋予下属更多的职权去充分支配自己的时间和自己的活动，给予下属作出决策和采取行动的责任与权利。团队成员对授权的感知如下：

（1）群体的有效性。

（2）群体行为的重要性和价值。

（3）工作时的独立性和自主性。

（4）完成工作及目标达到的重要性及影响力。

2．授权的三个因素

（1）谁来做：对任务和环境进行分析，选择合适的人。

（2）做什么：向被授权人交代任务。

（3）怎么做：授予权力，建立责任和成功的标准。

3．授权的原则

（1）授权明确：授予哪些权力，期望达到何种效果，完成任务的时间期限，绩效标准。

（2）职责与职权对等：有权无责，随心所欲；责大权小，下级无法承担权利运用的责任。

（3）单一隶属的授权：命令的来源应当统一。

（4）建立反馈机制：职责分派给下级，但责任不能转嫁给别人；既要授权，又不要失控。要及时监督、辅导和支持被授权人开展工作。授权不是放权。

（5）授权公开：告知被授权人和所有受到授权影响的人，授予了什么权力，以及权力的大小。

4．无法成功授权的原因

（1）缺乏计划。主管没有花时间制订授权计划，分不清哪些职责该授权，哪些工作该自己去完成。

（2）缺乏充分沟通。授权时的沟通和授权后的跟踪过程沟通。

（3）主管害怕失败或被取代。要克服不愿放弃自己喜欢干的事情的心理和害怕失去权力的恐惧感。

四、团队激励

美国哈佛教授詹姆士在一篇研究报告中指出：实行计时工资的员工仅发挥其能力的20%~30%，而在受到充分激励时，可发挥80%~90%。除了金钱激励以外，一个更能发挥自身能力的工作岗位——更大的决策自主权、更加灵活的工作日程等，也是激励因素。

1．赫茨伯格的"双因素理论"

美国心理学家F.赫茨伯格1966年提出的一种工作动机理论，又称激励—保健理论。赫茨伯格将影响工作积极性的因素分为两类。

（1）激励因素。如成就、认可、工作本身、责任感和发展等，它们一般都与工作内容有关，即都存在于工作内部。激励因素的满足导致了工作满意。

（2）保健因素。如公司的政策和行政管理、监督、工资、人际关系和工作条件等，它们一般与工作环境有关。保健因素的满足能减少工作的不满意感。

赫茨伯格认为，工作满意和不满意不是同一个维度的两个极端，而是两类不同的因素。激励因素的满足虽然能导致工作满意，但缺乏激励因素也不会产生不满意；缺乏保健因素虽然会导致工作不满意，但保健因素的满足却不会增加职工对工作的满意。

2．团队激励原则

（1）满足需求，激发动机。团队队员努力工作的可能因素：自己作出的努力能否达到或超出管理目标的可能性；若达到目标，获得奖赏的可能性；外在报酬满足心理需求的可能性；工作中满足心理需求的可能性；对这些需求的满足所做的评价。

（2）按劳分配，克服平均。按劳分配是制定激励措施的重要原则。保护人才的积极性。

3．激励的方式

（1）目标激励。组织的目标与个人的需求完美结合起来，可以产生巨大的动力。有长远的愿景目标，有中期目标、近期目标，有大、中、小目标，与员工的能力、任务相结合。

（2）奖惩激励。奖励是正强化，是直接激励。惩罚是负强化，是间接激励。两个保龄球教练，训练他们的运动员。两个运动员都打倒了7个保龄球，一个教练说："很好！打倒了7只"；另一个教练说："怎么搞的！还有3只没打倒。"赞赏要比批评的收效大。

（3）数据激励。运用数据显示成绩，能有可比性和说服力地激励员工的进取心。为调动顾客购物的积极性，规定凡购物满200元者，奖励青稞酒2瓶。

（4）团队领导行为激励。领导行为通过榜样作用、暗示作用、模仿作用等心理机制激发下属的动机，调动下属的工作、学习的积极性，这种激励称为领导行为激励。

（5）典型激励。树立团队中的典型人物和事例，经常表彰各方面的好人好事，营造典型示范效应。

（6）创造良好的沟通渠道。架起沟通的桥梁，真心倾听。

（7）学会赞美。要充分相信雇员的能力，给雇员提高的机会。

【案例】

皮格马利翁是古希腊神话里的塞浦路斯王子，他爱上了自己雕塑的一个少女，并且真诚地期望自己的爱能被接受。这种真挚的爱情和期望感动了爱神阿芙狄罗忒，最终给了雕像以生命。

心理学上，"皮格马利翁效应"也叫"罗森塔尔效应"。1968年，美国心理学家罗森塔尔和雅各布森来到一所小学，他们从一至六年级中各选3个班，在学生中进行了一次"未来发展能力测验"。……这种由信任、关心、激励因素因构成的期待心理所引起的人的思想与行为方面的变化叫作"皮格马利翁效应"。

积极的期望，就会有积极的发展。皮格马利翁效应告诉我们在人际交往中，一旦善意知觉对方，有意识或无意识地寄予期望，对方会产生出相应于这种期望的特性。

【小游戏】

命悬一线

时间：30~60分钟

人数：大约24人

道具：

· 一棵枝杈粗壮的大树，用来悬挂绳子。

· 一条结实的长绳（绳子能拉起最重的队员）。

· 一根长木杆或绳子（代表山洞入口）。

· 每人一块直径约30厘米的圆胶木板。

概述：

这个游戏会使参加者协同工作，热血沸腾。注重提高团队合作和沟通能力。

目的：

1. 促进团队合作。

2. 提高团队解决问题的能力。

3. 让队员们能够自然地进行身体接触和配合，消除害羞和忸怩感。

准备：

1. 游戏开始之前要准备好场地。首先把绳子系在大树的枝杈上（确保枝杈足以承重），绳子垂下来恰好落在将要搭建的"山洞入口"处。

2. 把绳子系好后，就应该想到人们喜欢沿哪个方向摆动绳子。然后在这一侧的地上，横置一根长杆或绳子代表山洞入口。如果用绳子代表山洞入口，最好在地上立两个标桩，把绳子两端分别系在标桩上并拉紧。

3. 把所有的圆木板放在地上，让它们全都分布在绳子的晃动区内。

步骤：

1. 给每个小组做游戏开场白。开场白示例如下：

你们都还记得电影《法柜奇兵》中的情节吧，山洞内的地面上有很多压力敏感区，一旦踩到这些地方，就会有大麻烦。游戏的情况相类似，为了进入藏有宝藏的山洞，需要大家站到对面的圆板上，而且不能离开圆木板一步。因为和电影中相似，圆木板周围的地方是压力敏感区。假如你踩到这些地方，那些麻烦事就会接踵而来。垂到地上的绳子表明洞口是开着的，你们只有紧握绳子摆动到圆木板上，才是进入山洞的唯一方法。踩到圆木板后，只能待在上面不许乱动，直到各个板上都站满了人为止。这时候山洞的墙壁就会打开，隐藏的财宝将展现在大家面前。首先要抓住悬在洞顶上的绳子，记住，不能踩地。好了，祝大家好运！

2.　任何人踩地全队都需要从头再来。

3.　游戏结束后，引导大家就团队合作、如何解决问题展开讨论。

讨论问题示例：

·你们在游戏过程中碰到了什么问题?如何对问题进行拆分的?每个人的任务是什么?

·哪些因素有助于成功完成游戏?

·你们在游戏过程中遇到了什么困难?如何克服的?

·游戏中有无领导者产生?

·这个游戏揭示了什么道理?

·如何将这个游戏和我们的实际工作联系起来?

安全：

通常情况不允许在悬挂的绳子上打结，但是如果队员坚持这样做或者他们年龄较小时，可以考虑在绳子末端打一个结，距地面1米左右，这样他们就可以用两腿夹住绳结，比较容易地摆过去。

变通：

1.　如果参加人数超过24人，让多余的人做监护员或者再建一个游戏场地。

2.　限制游戏时间。告诉队员们，当第一个人落到木板上时，洞口还能开15分钟，之后将关闭永不再开门。

3.　可以采用体育馆内的爬绳在室内开展此类游戏。

模块二

环境适应

　　环境是客观存在的，多变的环境不会以个人的意愿而改变。只有改变和调节自身，来适应赖以生活的社会环境，从而实现自我，获得自身存在的价值。因此学会适应，是个体生存和发展的前提，是人生的必修课。

　　第一次离家远行的入学旅程，是职校学生独立处理事情的开始。入校后能否迅速地了解和熟悉校园环境，将决定新生能否在这个环境中自如地生活、学习。

　　本模块旨在引导同学们学会迅速了解、适应、熟悉和融入学校和社会，在此过程中培养同学们的环境适应能力。

第一课　适应校园环境

一、适应概述

1．环境

环境是影响生物机体生命、发展与生存的所有外部条件的总体，是指围绕着某一事物（通常称其为主体）并对该事物会产生某些影响的所有外界事物（通常称其为客体），即环境是指相对并相关于某项中心事物的周围事物。

适应是指个体通过调整自身使其个人需要能够在环境中得到满足的过程，是自我与环境和谐统一的一种良好的生存状态。

2．适应的两个含义

一是指个体与环境相互作用而发生改变的过程，是相互作用，改变是双向的。但环境的力量太强大，个人影响环境的能力有限，在这种情况下，个人只能依靠调整自己来适应环境。例如，两个智力中等的年轻人，一个是家境贫寒的农村青年，另一个是家庭富裕、教育条件好的城市青年，如果这两个人要达到同等程度的个人发展成就，那么农村青年必须在自我调整、自我努力上下工夫。有句说得好："接受我们所不能改变的，改变我们所能改变的。"也就是说，无法改变的事情，那我们就接受它，不要老想着它。美国著名的成功心理学家卡耐基在给学生上心理课时，刚一进教室就把手中的满满的一杯牛奶碰翻了，同学们都很惋惜，卡耐基说我今天给大家上的这节课是《不要为打翻的牛奶而哭泣》。

二是个人与环境的关系的一种状态，一种和谐、协调、相宜相适的状态。有人说你看某人在工作中、生活中处理事情"如鱼得水"，这个人对环境就是非常适应的状态。

人的一生中，适应状态总是暂时的，适应是动态平衡，总是在变化的，要想达到平衡要么改变环境，要么个人自身改变。

3．积极适应和消极适应

【案例】

小梁是个自尊心极强又多愁善感的男孩，虽不是非常聪明但凭着自己的刻苦努力，在班级的成绩一直名列前茅。经过高考的拼杀，他带着良好的感觉进入大学校园之后，突然发觉自己站在"山顶"的感觉没有了。在高手如云的集体内，昔日那种"鹤立鸡群"的优越感已荡然无存，"众星捧月"的地位变了，升入大学后不久的一次新生摸底考试竟然还不及格，自信心突然坍塌。一个学期过去了，学习越来越吃力，他对自己越来越没信心，成绩也越来越差，生活变得没有规律，食欲不振，经常失眠，到后来竟然想退学。

【分析】

其实，小梁患的是一种被称为适应障碍的心理疾病，其特点是存在长期的不良刺激或对环境的难以适应。此类病人都有一定的人格缺陷，主要症状是情绪障碍：烦恼、抑郁，也有生理功能和行为方面的改变，导致社会功能不同程度的损害。一般来说，能挤过高考独木桥、考上大学的学生，在高中阶段都是学生中的佼佼者。老师的青睐，同学们的羡慕，使他们成为同龄人的中心，无形中可能会产生某种过高的自我评价。进入大学后，全国各地成绩优异的佼佼者汇集一起，相比之下，很多新生会发现自己显得比较平常，成绩比自己更优异的同学比比皆是。这一突然的变化使一些新生措手不及，无法接受理想自我和现实自我之间的巨大差距，失落感便涌上心头，一些学生甚至产生强烈的自卑感，开始怀疑自己的能力。因此，老师和家长要教育他们正视现实，认识到考上大学只是人生征途中的一次胜利，今后的路还很长。

积极适应是一种健康的适应，它有两种含义，一是改变自己以顺应环境或顺应环境中的某些变革；二是不断地抗争和选择，从一个目标走向另一个目标，这是发展性适应。

消极适应是一种不健康的适应，它以牺牲个体的发展为代价，甚至会导致某些不同程度的心理问题或疾病。

4．中职生适应任务

中职生适应任务主要表现为以下几个方面。

（1）学会做人。现在人们越来越意识到先做人后做事。首先在日常生活中，要做到孝顺父母，友爱兄弟姐妹。其次在一切日常生活言语行为中要小心谨慎，要讲信用。和大众相处时要平等博爱，并且亲近有仁德的人，向他们学习，这些都是很重要非做不可的事，如果做了之后，还有多余的时间精力，就应该好好学习其他有益的学问，使自己拥有正确的人生观、价值观，发展自己良好的道德品质，拥有明确的伦理道德观念和是非观念。

（2）学会做事。要有敬业精神、独立处理问题的能力以及应对各种情况和各种环境的工作能力；能够不断积累做事的相关经验。

（3）学会与人相处。对他人尊重，以真诚的态度与人和谐相处，能够与他人进行良好的沟通。卡耐基是美国的钢铁大王，在他成为亿万富翁时也造就了成百个百万富翁。作为钢铁大王的卡耐基对钢铁全然不懂，但他雇用了千百个专家为他工作。当谈及成功的秘诀时，这位钢铁大王说，在他成功的因素中，个人条件占15%，机遇占20%，交往能力占65%。

（4）学会学习。热爱学习，掌握科学的学习方法，不断用新的知识充实自己。

二、中职新生的适应障碍与调适

1．角色变化与适应

（1）认识自己。人的适应性实际上是人的主体能动性的反映，是人作为主体对社会环境的应对，但部分新生却并不具备这种适应性。新生入学后，心理上的不适应主要表现在两个方面。一是失落。产生失落的原因主要有两个：失去目标而带来的精神苦闷，或是由于他们对新环境的不适应而产生的孤独寂寞感，如面对陌生的环境，新生容易想家、想念亲友等。二是失望。新生理想与现实之间的矛盾是产生失望的主要原因，如有些新生因没有被自己理想中的学校或专业录取，而带着一种失望和沮丧的情绪走进学校。失落和失望的情绪交织在一起，使他们对新的学习生活感到不适应，由此产生了郁闷和困惑。

中职学生与中学生所担当的社会角色不一样。中学生的心理和思想正在发展中，职业方向和社会角色不够确定；而中职生的职业方向基本确定，基本是直接指向社会。因此，新生要实现从中学生到中专生这种社会角色的变化，处处用新的标准严格要求自己，既学做人又学做事。

"也许我站的位置比很多同龄人的都低，但是我却可以通过自己的努力，让自己更接近蓝天！"新生们要积极调整，选择恰当的对策。在接触社会的过程中，要从主观上采取积极态度，而不是消极地等待；在调和社会环境和自身之间的矛盾时，要审时度势，有条件地选择改造环境的条件，无条件地选择改造自身的办法，这样才能既不想入非非，又不自暴自弃，找到最佳的方案。

【案例】

我梦中的中职校是国家示范中职校，然而，天有不测风云，一场大病使我与梦想擦肩而过，被现在就读的这所中职学校录取。当我收到录取通知书时，有人对我说，职业教育是朝阳事业，是培养技术应用型人才的摇篮，大有前途，鼓励我珍惜机会，好好学习，立志成才；也有人告诉我，职业教育是低于专科层次的教育，是"三流教育"，中职生在社会上没地位，并竭力劝我上普通高中，来年再冲刺重点本科大学。由于家庭经济困难，在犹豫、徘徊中，我还是选择了中职学校，步入学校的大门。几天来，我通过学校的入学教育，以及辅导员、班主任对职业教育的宣传、讲解，我对职业教育有了一定了解。但"中职教育是低于专科层次的教育，中职学生在社会上没地位"一直在我耳边萦绕，特别是当我接到一个个高中同学的电话，畅谈他们的喜悦与感受的时候，我就更羡慕他们，心理就更加自卑、苦闷、消沉，后悔当初的选择。我呐喊：完了，前途完了！一切都完了，我不知道我该怎么办。我真想放弃中职的学习……

【评析】

中等职业教育，是我国教育的重要组成部分，在教育性质上属于职业教育，因而是我国职业教育的重要组成部分。中职教育的主要任务是培养高技能人才。这类人才，既不是白领，也不是蓝领，而是应用型白领，应该叫"银领"。

从国际教育分类来看，联合国教科文组织1997年颁布的《国际教育标准分类法》新版中，将高等教育的第5层次划分为A、B两类，5A是培养学术型和工程型人才的，从事高级研究和高技术。5B是那些实际的、技术的，是让学生从事某个职业或行业的实际技能和知识，学生获得进入劳务市场所需的能力和资格，具有职业性、地方性、实用性特点，培养的毕业生"下得去、留得住、用得上"，深受基层和一线的欢迎，社会缺口大，需求量大。

（2）角色转换。角色通常指社会角色，是个体与其社会地位、身份相一致的行为模式、心理状态以及相应的权利和义务。它对特定地位的个体行为的期待，是社会群体得以形成的基础。

"中职学生"是每一位同学的新角色，就像在舞台的表演一样，要从过去的角色中走出来。戏剧虽不能完全等同于人生，但也有异曲同工之妙，所以我们要尽快完成新旧角色的转变。那你就要进行角色扮演。

角色扮演过程包含角色期待、角色领悟和角色实践三个要素。

角色期待：首先是社会对这一角色的期待，即社会公众对其行为方式的要求与期望。如果偏离就要招致异议和反对。

角色领悟：自己对角色的认识和理解。个体往往根据他人的期待不断调整自己的行为，塑造自己。

角色实践：在角色期待和角色领悟的基础上，个体实际在社会生活中表现其社会角色的过程。

（3）常见角色转换障碍。

① 角色固恋：没有认同自己在新环境的角色，没有形成适应新环境的心理机制，是一种角色认同障碍。例如，思想、行为、学习方式等都停留在中学生阶段。日常生活管理还依恋父母。

② 角色混乱：不知如何定位，对未来方向彷徨迷惑，不知所措，没有确定的目标……自己感受到自己角色的改变，但不能确定自己的角色行为，在思想上处于迷茫和困惑中，有强烈的不安全感和不确定性，甚至"找不到自己了"。有的人一与异性交往，就感到对方对自己有特别的感觉，便产生了角色混乱，既想把对方当成恋人，又担心对方没意思而使自己尴尬，所以行为不自然，内心烦躁不安。

再如有个学生是学生会舍务部干部，可他跟室友关系紧张，他不在时，寝室的同学都有说有笑，他一回寝室大家就各自回到自己的床上去，各干各的……他为此很烦恼，有种被孤立的感觉。为什么会发生这样的事情呢？后来了解方知道，他回到寝室还像他在学生会工作时一样的态度和行为。这个同学就是角色混乱。

③ 角色失败：退学、上网、夜不归寝，是最严重的一种情形，往往给个人造成重大打击，给社会带来不利影响。

（4）调适方法。

① 正确的自我评价。不要高估自己，也不要把自己贬得一文不值，以平常心分析自己，分析环境，找到自己的成长点，创造丰富的生活。

② 明晰自己的角色意识。

③ 学会正确运用心理自卫机制。

2．新生的环境适应与心理调适

（1）新变化。

① 生活环境。适应包括方方面面，首先是适应新的校园环境，第一次离家远行的入学旅程，是同学们独立处理事情的开始。入学后，衣食住行等个人生活都由自己处理安排，自主、自立、自律是新的学习生活的主旋律。入校后能否迅速地了解和熟悉校园环境，将决定新生能否在这个环境中自如地生活、学习。所以新同学首先要适应新的语言环境，在校园里应尽量用普通话进行交流，使自己消除陌生感，这样有利于新生角色的转变。寝室生活首先要养成良好的生活习惯，尤其是卫生习惯，尊重他人才能赢得别人对自己的尊重。

中职的管理制度和中学相比发生了显著变化。在教学管理、考试制度、奖学金评定、宿舍管理和饮食服务等方面都有许多不同，这也会导致许多学生产生不适应。要能自主而合理地处理好个人的学习和生活问题，注意培养独立生活的能力，要自觉遵守学校的规章制度和作息时间，养成良好的生活习惯；还要积极参加学校、班级组织的文体和第二课堂活动。

新同学也要适应学校外的社会环境。离开家乡到异地求学，意味着踏入一个不同的社会环境，怎样搭乘公共汽车、怎样向别人问路、怎样上商店买东西、怎样和小商贩讨价还价都要逐步熟悉。

另外新生还应该学会理财。要注意考虑在生活中，哪些开支是必需的，哪些开支是完全不必要的，哪些是可有可无的。钱要花在刀刃上，要避免完全不必要的消费，可花可不花的要尽量少花。此外，还要根据父母的经济能力和自己勤工俭学的能力来进行日常消费，不要盲目攀比。

② 生活方式。中职生活和中学生活相比，无论生活方式、习惯还是生活范围都有明显的不同。适应中职生活就是要调整和改变原来的习惯，由依赖到自理、由被动到主动。

中学时代，学生们大多过着饭来张口、衣来伸手的生活，对家庭、父母的依赖性比较强，自立能力比较差。进入中职后不论是衣食住行还是学习交友，都需要我们运用自己的知识、能力去思考和判断。当然也有部分新生由于长期处于独生子女的环境之中，缺乏集体生活的经验，只强调需要他人的关心和帮助，却不知道如何去考虑别人的感受和想法。因此，那些依赖性比较强的新生在生活环境发生改变以后就明显地表现出一种不适应。初来乍到一个与家乡情况完全不同的地区学习和生活，必然会产生许多不适应。

（2）适应不良的表现。适应不良的表现包括：失望与迷惘（理想与现实）、自卑与怀疑（自我评价失调）、孤独与压抑（人际关系）、空虚与忙乱（时间安排不当）、拮据与尴尬（物质需要的剧增）、自轻与自弃（对职业教育认识）。

（3）积极适应新环境。积极适应新环境的主要方法有以下几种。

① 熟悉新的学校环境（学校内部和周边环境），尽快融入新生活。

② 培养独立生活的能力，独立生活和理财的能力，养成良好的生活习惯。

③ 探索学习的新方法，增强学习自觉性。

④ 主动适应人际关系环境，主动与老师联系，广泛与同学交往，营造温馨的寝室氛围。

三、积极适应新环境

1．建立良好的人际关系

（1）尊重他人。

① 少在背后非议他人。大家在一起聊天，难免要提到他人，如果对某人有意见最好是当面委婉地提出。

② 在不贬低自己的同时，也不要瞧不起他人。

③ 不要信口开河。有时，你可能无意中贬低了某一个人或一件事而恰好被他知道，由此，这位同学可能就会对你形成不易解脱的"心结"。还有对你还不十分熟

悉的人与事，不要贸然点评；否则，也许你的出发点没有恶意，但是由于你的观点缺乏较高的视点，又缺乏相应的调查研究，很可能变成了不负责的"乱弹琴"。如果要发表自己的观点，你不妨先做一个小小的调查，看一看大家的期望是什么，然后再以一种积极的心态来提建议。

④ 不要对他人抱有成见。在生活中，人与人之间难免会有一些不认同、一些竞争，很多人把别人放在自己的对立面，这样的话你一定难以在新集体中立足，更难以发展。只有互惠互利的关系才能长久，才能让你融入集体，也是集体接纳你的一个基本前提。

（2）信任他人。人与人交往最重要的就是信任。如果对所有人都不信任，那么就会使你与你的同学之间产生隔阂，也不利于你以后融入这个大家庭。适当地向同学敞开心扉，这也是对他人的尊重。譬如业余时间，大家在一起谈论成长经历时，不可避免要互相了解出生地以及其他情况，如果你想参与到这种愉快的聊天当中，不要对自己的相关信息"守口如瓶"。尽管你的出生地可能是一个偏僻的小城镇，尽管你没有惊心动魄的经历，但这都没有关系，因为在人际沟通中有一个非常重要的"对等原则"，就是别人对你袒露相关的个人资料，你在接受以后，也要尽可能提供给对方相应的对等信息。

（3）不要斤斤计较。

① 不过于计较个人得失。进入一个新集体难免会有很多事情，有时可能会占用你非学习时间，例如比赛、班干或做一些其他事情，不要有吃亏感，甚至产生抵触的心理。有更多机会去锻炼是好事，应该以积极的心态来做事，带着感恩之心去面对。

② 不要过于计较他人的点评和误解。有些心理承受力比较差的人，也许因为别人一个善意的批评，就变成一只咆哮的狮子，认为丢了面子。其实，这是自我意识过强的表现，与男生相比，年轻女性更计较自己在工作中的信任度。在工作中，每个人都会犯错，只要勇于承担责任就会给人留下好的印象。

（4）做好自己。

① 多帮助他人。投之以桃报之以李，我们在帮助他人的同时也在帮助我们自己。

② 低调展现自己。所谓"树大招风"，因此不要一开始就让自己太突出，与众不同。不要以为一开始给人有个性的感觉就是好的。一开始是有一个适应期的，不但你要适应新环境，他人也要适应你的加入。

③ 尽快了解自己的任务。比起展现自己的能力，这个时期了解任务应该更为重要。

④ 提高做事效率。

⑤ 做事始终如一。没有人刻意去注意你，只有你始终如一地做事、生活，别人才会看在眼里记在心里。才会给人留下好的印象，才有利于你更快融入新的环境。

⑥ 对自己充满自信，并乐观面对任何事情。虽然是新人，但不要总是担心会出错，越担心出错，越错误不断。所以，坦然面对自己的错误，俗话说吃一堑长一智，错了我们要在错误中总结经验并勇于承担责任。如果总是没完没了地推脱责任，千方百计找客观原因，就会给人留下坏的印象。

（5）交流。

① 不要将自己"裹"在壳子里。交流是一个人进入新环境后必不可少的，如果你进入一个新的环境，却总是将自己藏在某个角落里或干脆就不与人交往，那你很快就会被这个集体遗忘。俗话说礼多人不怪，相互之间见面应勤打招呼，同时热情地与周围同学打交道。

② 多参加集体活动。参加集体活动可以增强彼此间的了解与亲密，更有助于培养一个和谐的人际关系，这是让大家认识你，和你交朋友的重要途径。不要总是推脱集体活动，否则即使以后你想参加活动，大家也会无意间将你忽略。

③ 不要羞于提问。刚进入新集体难免会有一些不明白的事情，一定要向其他人请教，其实我们在向他人请教时也是在与他人交流。

④ 别走进小圈子，而忽略了大团队。新同学之间很容易成为好朋友，什么事情都一起做，容易忽略了周围的同学，无法融入别人的圈子。

⑤ 要主动表达自己的想法。有些学生自己本身的能力不错，对事物也有自己独特的见解，但就是不敢表达自己的想法。而有些学生对一些事物或是制度不是很了解，同时又怯于过问。不表达自己的想法，缺乏沟通，这是对自己的成长不

利的。

2．融入校园环境的方法

（1）师生交往。新的师生关系比起中学时代将变得非常离散，现在教学多是大班教学，因此任课老师不可能像中小学老师那样抽出很多时间与同学交往。大多数同学也已经习惯中学时期老师主动的方式，在和老师的交往上比较被动，偶尔有交往的机会，实际参与的广度和深度也有限。那种老师跟在身边的密切照料的时代一去不返了。同学们要学会做自己的老师。同学们若能对老师的态度和行为表现出更多的关注和钦慕，无疑将提高自己的学习动机，增强自己的学业技能。

有些学生因为以往一些不好的师生交往的体验，对老师的批评感到反感，认为老师管得太严，觉得不自由。其实，要求严格，正是老师爱学生的表现，没有哪位老师不爱自己的学生，不希望自己的学生成长的。在课间或课后建议同学们多和老师们沟通，有时候老师的人生经验比教学内容更能帮助我们成长。

（2）同学交往。中职校的人际关系比中学时更为复杂。中学同学之间生活习惯相同，语言相通，又一门心思准备升学考试，使交往比较单纯。中职学校是以集体生活为特征的，由于班级和宿舍的同学都分别来自全省各地的不同地域和不同家庭，在思想观念、价值标准、风俗、习惯、语言、性格、爱好等方面不尽相同。尤其是贫困生，他们大多来自农村，有较强的自我意识和自尊，心里的想法和困难不愿也不知找谁诉说，经常感到孤独，思念家人，留恋中学的一切。此外交往知识和技巧的欠缺，也是造成新生人际交往障碍的重要原因。

所以，新生们要注意从以"自我"为中心向以"集体"为中心的转变。在班级里要多关心他人，在宿舍里要相互礼让。在同学的交往过程中不能以个人好恶来要求其他人。例如，你不能不顾别人在看书或休息，就大声放歌曲。对于关系到他人利益时，彼此之间最好形成一种共同的约束，大家必须遵守。这个规矩可能跟原来的想法是不一致的，但也得遵守。这就是说，不能把自己的标准强加给别人，否则就不可能解决任何问题。这是一个最起码的原则，重在相互协调，不断地调适，不是简单的单方面的服从。我们每个人都需要具备一种能力，在不断的调适过程中，能够掌握主动，既解决了问题，又跟各种不同的人保持了和谐的人际关系。这也是在成年人的人际关系中要注意的一点。

同学交往时，还要正确看待同学间的小摩擦或冲突。首先，同学之间的摩擦和冲突是必然的，不可避免。因为同学们来自不同的地区、不同的文化环境，彼此的人生观、价值观、行为习惯、处事方式都会存在一定的差异，要想达到完全一致，不是一个简单的事情。问题的关键就是怎样来看待这种摩擦和冲突。大部分同学都不可能故意要跟谁过不去，只是有时说话的方式不当，或者是一时的不理智才出现矛盾。因此，同学之间是能够通过交流沟通达成共识，共同找到解决问题的办法的。

同学间发生矛盾时要主动和解。同学间大多没有什么实质性的矛盾，所以作为一个具有成人意识的人，应该也能够主动去和解。这并不是一件什么丢人的事，相反也正表明了你本人的高风亮节，宽阔的胸怀，也更能够得到他人的尊重。与同学交往要坚持与人为善，要搞"五湖四海"、全方位交往，而不要有老乡观念，搞宗派、拉帮结伙等庸俗作风，注意人际关系的和谐。提高个人修养水平，养成良好的行为习惯，培养全方位的交际能力和处事艺术。

（3）积极主动调整心态。现在的学生，基本上都是"90后"。这一代人从小就是以自我为中心，是全家人的焦点。这些孩子的身上有极强的自信和自尊，喜欢张扬个性，但大多数人缺少容忍、谦让和合作的品质。这就使得部分新生在集体内，容易与其他人的相处发生困难。每年都有一些新生在入学阶段因为生活、环境、军训、交际等原因不适应中职生活而导致心理无法调整，在第一学期乃至更长的时间里不能适应学校生活，在学业、宿舍集体生活等方面出现了问题。这些新生中，不乏在中学阶段表现非常出色的学生。

新生到学校后所表现出的种种不适应是正常的，绝大多数学生能在一个月的时间内适应中职学校的生活，最慢的有半年的时间也会适应。适应期太长，关键的问题在于很多学生在从初中向中职转向的过程中没能及时调整心态。作为新生，到学校后，有问题应该多问问辅导老师或向学长请教，多参加学校集体活动，实在有想不开的事情可以求助心理咨询机构，一定不要把问题"憋"在心里，钻进了"牛角尖"就不好办了。

（4）做一个切实可行的计划。

① 为自己做一份规划。人生的目标有大有小，大的可谓理想；小的目标是为理想服务的，如学业成绩的追求、计算机考级、职业资格鉴定，唱歌、跳舞、锻炼身体，等等。不同的大小目标有不同的组合，但无论大目标、小目标，你都应当有。如学历提升、工作都是实现大目标的手段、途径、过程。

② 找一个优秀的学哥或学姐当自己的参照目标。每年学校都会组织各院系优秀毕业生等向新生"指点迷津"，新生可从中寻找与自己成长经历、兴趣爱好相近的学哥学姐作为榜样，研究他们的成功轨迹，借鉴他们的学习方法、生活习惯等。

③ 跟专业教师做深入沟通。与专业教师交流，是了解自己所学专业最直接、最有效的办法。

④ 坚持在一个阶段内记日记或周记。写日记能帮助生活更有规划，目标更明确。一段时间后回顾这些日记，是沉淀自己思想，认知自我的最好方式。

⑤ 争取代表班级或学校在公开场合展示自己的机会。在学校，就要时刻做好融入社会的准备，在公开场合演讲、辩论，哪怕是大合唱，都是锻炼自己、增强信心的最好机会。

⑥ 参与能写进简历的社会实践。现在的社会对中职生提出了更高的要求，特别是在专业技能和适应社会方面，社会实践是中职生活的一个重点。社会实践有很多种，但对于你日后能写进简历的社会实践一定要多用心。

（5）参与丰富精彩的课外活动。除了学习，学校充满了丰富多彩的课外活动，有社团、学生会、艺术团，等等。参加这些组织不但会打开我们的眼界而且会锻炼我们的办事能力，提高我们的交际水平，认识更多的老师、同学。其中有更多的是二年级、三年级的学长，你可以从他们那里学到很多经验。如果你有到高年级继续为组织或团体工作的想法，就要在大一加倍努力，多参加活动，筹划也好干活也罢，都要拿出热情和认真，让老师、学长记住你，了解你的能力。但是参加活动一定不要盲目，要找到自己的兴趣和需要，切忌太多，最后可能一样也没有做好。

（6）学会理财，别做"月光族"。第一次掌握财政大权，很多学生往往缺乏理财意识，控制不住自己的消费欲，很容易就会变成月光一族。学生理财应该把握一个原则：该买的东西，货比三家挑选性价比最高的买；不该买的或者是可有可无的东西，就坚决不买。除了守好自己的钱袋子，也要学会装满自己的钱袋子，积极参与勤工俭学、兼职、暑期工、练摊等，既可以积累资金，也可以为将来找工作、适应社会、适应工作、开创事业积累经验。

【案例】

乌鸦与鸽子

有一只乌鸦打算飞到南方去，途中遇到一只鸽子，双方停在树上休息，鸽子看见乌鸦飞得很辛苦就关心地问它要飞到哪里去？乌鸦气愤地说，其实我不想离开，可这个地方的人嫌我叫得太难听了，我要飞到别的地方去。鸽子又好心地对乌鸦说，你别白费力气了，如果你不改变你的声音，飞到哪里都一样的。

【分析】

如果我们没有办法改变环境，那么要想适应环境就只有改变我们自己。

【案例】

北大生物系毕业的小梁曾在某报社工作过一段时间。一次报社派他去一家幼儿园采访，对象是国内第一位搞学前教育的博士。他在听完博士的演讲后，起身向博士提问，并开始滔滔不绝地向博士和在座的家长发表了自己的"不同见解"。喧宾夺主的他最终引来一片嘘声，事后，家长们打电话到报社表示抗议。小梁说，他其实并没有把那位博士看作权威，他觉得他们两人是平等的，应该可以像朋友一样交流不同的看法。小梁对自己充满自信，权威、领导在他的眼中并没有被神秘的光环笼罩着，他不会对这些人犯怵。而在领导和权威看来，这样的年轻人缺乏起码的谦虚精神，总让人觉得他们太狂，有点没轻没重，没大没小。他们有着初生牛犊不怕虎的冲劲和闯劲，可是对自己却没有一个客观的评价和认识。

【案例】

2008年8月23日晚，在天津市南门外大街与南京路交口拐角处，发现一名男青年正蹲在路边哭泣。好心的路人驻足询问，才得知这是一位来津报到的大学生。为了帮助他适应生活，父母在学校附近租了房子。晚饭后三口人一起到超市购物。可没想到，因为超市人多，他与父母走散，出来时他发现父母不知去向，又返回超市寻找。然而直到超市关门，他也没能找到父母，越来越紧张的李某最后竟然连租房的地址和父母的手机号都忘了，而且他还没有来得及办理天津的手机卡。一个人无奈地在路边转悠了一个多小时后哭了起来。在民警的提醒下，李某想起了父母的手机号。通过联系，其父母匆匆赶来。

据父亲介绍，因为从小比较娇宠这个独生儿子，从来没有让他自己出过家门，遇到这种情况就蒙了。在感谢群众和民警后父亲感叹："没想到孩子把电话号码都忘了，更不知道去打公用电话，今后还真得锻炼他了。"

【案例】

深海里的氧气

谁都知道，深海里氧气稀薄。但为了生存，很多动物不得不根据深海里的环境来进化自己：它们尽量减少活动或者干脆不动，长期蛰伏在一处，以减少身体对氧气的需求。所以尽管深海里环境恶劣，但还是有不少动物顽强地生存了下来。最近美国的一家海湾水族馆研究所，由克雷格·麦克莱恩领导的一项研究却发现，生活在深海里的动物渐渐减少的原因，居然不是因为氧气的减少而是因为氧气的增多。

在美国南加州海域，就因为移植了大量含氧海藻，而导致了许多深海动物的消失。人们以为含氧海藻能够改善深海动物的生存环境，没想到，反而害了那些动物。因为含氧海藻是一种能够制造氧气的深海植物，是普通海藻造氧量的100倍。

照理来说，增加了氧气的深海对鱼类应该是一件有益的事，可是因为千百年来，那些长期蛰伏于一处不动的深海动物，已经适应了缺氧的环境。突然有新鲜的氧气注入，便容易产生氧气中毒。不被氧气中毒的方法只有一个，那就是迅速改变原有的生活习惯，改静止为动态。只有不停地游动。才能够加速呼吸，让过量的氧气排出体外，这样，过量的氧气不但对它们构成不了威胁，反而会让它们更加具有活力。

所以，生活在深海中的动物很快便会分为两种：一种因为无法改变自己原有的"懒散"的生活习性而变得无所适从，甚至被"淘汰"了生命；而另一种则一改往日的静止而快速行动起来，因为适应了由大量氧气注入的新环境而变得"如鱼得水"。

克雷格·麦克莱恩最后得出结论：不是氧气害了那些深海动物，而是它们自己的懒惰习性。

第二课　适应社会环境

中职生完成学业，选择了适当的职业，开始迈向社会，这无疑是人生的一大转折。本课针对特定转折时期的具体情况，提出中职毕业生应做好的思想、心理、知识技能等方面的准备，如何尽快适应这一转折，顺利完成从学生到职业人的社会角色转换，迈好走向社会的第一步。其次是面临着信息社会的要求，倡导中职毕业生树立终身学习观念，提升自己的就业力，实现自我价值。

一、中职生初入社会面临的困难和原因分析

社会环境对人的影响是巨大的，中职毕业生从学生到社会人，要经历一个适应环境、适应工作的角色转换过程。这个过程是青年学生成才的必经阶段。在这个过程中，中职生在心理、工作、生活等方面也会由不适应到比较适应。

从校园进入社会，从社会的预备成员变成社会的正式成员，从受教育者变成责任主体，其中的心理跨度无疑是巨大的，而且必须面对、不容回避。据一项追踪调查表明，中职毕业生在毕业踏上工作岗位后，"适应良好"（在一年之内顺利适应）的人数仅占34%，相当高比例的毕业生属于"适应不良"（两年之内逐步适应）甚至"适应困难"（三年以上仍难适应）。他们在工作适应过程中不同程度地碰到生活节奏改变、工作压力加大、人际关系困扰、自我定位迷失等问题。充分做好心理和技能准备，明晰社会对职业角色的期望，按照社会与职业岗位的要求来塑造自己，才能获得社会的认同，继而在新的人生旅途中创造辉煌。这既是中职毕业生走向社会、立足创业的主观条件，也是步入社会的客观要求。

1. 中职毕业生步入社会后的不适应

中职毕业生步入社会后往往有以下几个方面的不适应。

（1）心理上不适应。心理调查表明，许多毕业生对于走向社会即充满了好奇，也夹杂着畏惧心理，在初入社会过程中，部分中职毕业生会有一系列心理异常

表现。

① 自卑心理。在竞争激烈的求职场上，部分中职生因所学专业不景气，或因自己专业知识、专业技能及综合素质不如其他同学，或因求职屡次受挫，产生强烈的自卑感，并进而转化为自卑心理。有这种心理的中职生往往把失败归因于自己，缺乏竞争勇气，缺乏自信心；走进招聘市场就发怵，在单位中干工作也无所适从，不能适当地向用人单位展示自己的长处；一旦中途受到挫折，更缺乏心理上的承受力，总觉得自己确实不行。在竞争激烈的择业和工作中，这种心理障碍是走向成功的大敌。

② 失望心理。对未来感到失望。其表现形式是消极的，但若化压力为动力，积极调整，则可减轻这种心理的影响，如有些毕业生在产生失望心理后，抛弃了原来的观念，重新选择新的目标。

【案例】

职业太没意思了

南京某职校2010届毕业生小李，刚参加工作时的言行最能体现失望心理。他说："我参加工作两个多月了，可就是融入不到新的环境中去。这里的人都那么不像上学时同学那样坦诚天真，我每天都被指使做这做那。工作也不像我想象的那样刺激，每天就是写材料、做文案，还有吃饭、睡觉、看报纸，太枯燥乏味了，我对未来都快失去信心了。"

③ 紧张焦虑心理。焦虑是由紧张、不安、焦急、忧虑、恐惧等感受交织成的情绪状态。绝大多数中职生在择业和工作过程中，都会或多或少地出现焦虑。例如，能否找到理想单位；万一没有单位选中自己怎么办；有些边远地区的同学为不想回本地区而焦虑；恋人们为不能继续在一起而发愁；女同学为用人单位"只收男性"而气愤；还有一些中职生优柔寡断，为不知自己毕业后向何处去而焦虑。中职生的上述焦虑状态一般并不会对生活构成障碍，但如果焦虑不能得到及时缓解，就有可能向病态发展，表现出情绪紧张、心情烦乱、身心疲倦、失眠等症状。此时，焦虑不但干扰了中职生正常的生活、学习和娱乐，还成为择业的绊脚石。

④ 依恋和逃避心理。这种心理在求职择业中又具体表现为：一种是从众心理，自己缺乏独立的见解，不是从自己职业规划与发展出发的选择，而是人云亦

云，随大流，别人怎么看，自己也跟着凑热闹；另一种是依赖心理，不主动参与竞争，期盼学校给自己提供信息，坐等父母给自己四处张罗。这种心态也是与激烈竞争的社会现实格格不入的。还有些毕业生在工作中感觉社会不符合自己的理想模型、价值观念。有事没事往母校跑，和同学、老乡交往频繁，从中寻找生活寄托和感情安慰。

⑤ 盲目自信心理。对自己没有清醒的认识，过分高看自己，认为自己水平高，理应承担更大的职责，理应受到领导的重视和同事的尊重，缺乏必要的谦虚精神，在实际的办事中不谨慎，很容易给人以办事没轻没重，不牢靠的感觉，到头来还是影响了自己的发展。

【案例】

学生味浓吃苦头

小吴从某大学会计系毕业后，进了厦门的一家公司。与她同时进公司的同事要么毕业学校没她好，要么学的专业没她好，使她产生了较强的优越感。当领导要她从最基础的工作做起时，她觉得以她的条件，实在是大材小用了。一次，在计算效益时，她把一笔投资存款的利息重复计算了两次，虽然最后没有造成实际损失，但整个公司的财务计划却被全部打乱了。事后，小吴也很不在乎，觉得就像做错了一道数学题，改过来，下次注意就是了。可这种态度让主管很不放心，以后有什么重要的工作，总找借口把她"晾"在一边，难得让她参与了。

⑥ 急功近利的心理。首先有些同学在择业时过分看重地位，过分看重实惠，一心只想进大城市、大机关，去沿海发达地区，待遇好的单位，甚至为了暂时的功利宁可抛弃自己的兴趣和专业。这种心理也可能会得到一些眼前的利益，但从长远发展看并非明智的选择。其次是工作中攀比，不比奉献，比个人收入，不看自己为公司创造了多少效益，以自我为中心，讲待遇，甚至为了个人利益泄露公司商业机密。可想，其结果必然是欲速则不达，反而影响了自己在公司的形象和自己的职业发展前景。

（2）工作上不适应。工作上的不适应具体表现为以下几个方面。

① 缺乏实践动手能力。由于绝大部分应届毕业生初涉人世，有热情、有发展潜力，但他们对社会认知较少、缺少工作经验，特别是缺乏实践动手能力，到公司后

不能很快进入工作状态，短时间内难以创造效益，而从一名生手到独当一面有个过程，需要付出时间和精力。

【案例】

　　河南某高校环境艺术专业（室内外装饰方向）这几年市场对本专业需求较旺，就业形势较好，但从就业市场上对毕业生反馈的情况看，毕业生理论基础比较扎实，学生创意比较好，相关计算机软件操作也比较熟练，但在实习和就业中还不可避免地碰到实践动手能力较为欠缺的问题，如新材料的识别和自由运用、创意与成本的关系问题、施工预算、说服客户接受方案和签单等。在一个较为融洽的环境中，公司领导的提携和老员工的善心指导可以帮助职场新毕业生早日"上路"，但即使这样，尚需半年到一年左右的时间，何况一些工作和学习条件较差的工作环境中，这种"断奶期"会更长，毕业生也会碰到更为严峻的考验。

　　② 吃苦耐劳精神差。根据笔者这几年做就业工作与用人单位的接触了解，用人单位普遍反映，中职扩招后的这几届毕业生专业基础较2005年以前的学生基础有所下降。生活自理能力不强，特别是吃苦耐劳意识较差，表现为不愿意加班、对工作中的困难和问题的解决有畏难情绪、工作中不钻研，极个别毕业生多讲条件不讲奉献，影响了公司对他们的评价和选择。

　　③ 难以适应企业相对严格的规章制度。容易给企业留下自由散漫、责任心不强的印象，也影响了自己的职业发展。

【案例】

自由散漫终离职

　　小张刚刚进入某国有企业实习，无拘无束的她对公司严格的规章制度很不适应。因为边干活边听MP3，办公室主任说了她好几次，她却不以为然。还由于在校期间随意惯了，上班迟到了几次，自己还不以为然，结果实习不到一个月，公司就请她走人了。公司这样评价她："不仅自由散漫，还经常迟到早退。布置的任务能拖就拖，一到下班的钟点，她扔下手里没干完的活，走得比谁都快。"本来公司还很欣赏她的专业能力，但无组织无纪律的工作态度让他们最终决定放弃。

　　（3）人际关系上困扰。美国哈佛大学就业指导小组对数千名被雇职员进行了综合调查，最后发现，因人际关系不好而被解雇的，比因不称职被解雇的人高出两倍多。

可见，人际交往在职业工作中的重要性，而中职毕业生由于初涉人世，在人际关系处理上面临着一些问题，具体表现为：

① 不知道怎样处理好与领导和同事的关系。现在中职毕业生的特点是比较单纯，进入新环境后与同事与领导朝夕相处，在关系处理上，有些人还以学生的方式行事，或口无遮拦，或以坦率真诚的态度率性而为，结果常常得不到理解和支持。这是因为单位人有他们的思维方式，你认为应该的东西，在他们眼里可能是不应该的，于是就会产生误解和抱怨。

【案例】

个性太强还是缺乏沟通

来自黑龙江的小金刚到新单位一周就开始抱怨工作环境的无聊与烦闷了。从法律系毕业，原来想当律师的她为了留在北京，最终选择了到郊县做一名公务员。她的同事多为人到中年的大叔大妈，本来就内向的她更不愿意与人交谈。"谈什么呀，他们说话我根本就插不上嘴，也没有那个兴趣插嘴。整天枯坐在屋子里，都快把人闷死了！"这种状态也直接影响到了她的工作，每天例行公事到班之后，干完分内的事就抱着外语书看。同事觉得这个小姑娘不太好相处，也就渐渐地疏远她。结果到单位半年，小金连一半的人都不认识。

这种现象对于刚走出校门的年轻人来说并不罕见。一直习惯了在自己的世界里生活，突然被推到一个群体当中，是保持自己的个性还是尽快融入另外一个陌生的环境，这是一个很难的选择。但事实上，如果真诚待人，你就会发现别人身上的亮点。在一个学姐的开导下，小金有意识地与周围的同事接近，结果发现其实他们也有自己鲜明的个性。与同事交流多了，大家也都把小金当女儿或者小妹妹看待，有什么事都关照她。小金也发挥出自己的特长，成为单位小有名气的女秀才。这时候，以往的孤独感、失落感就再也没有了。

【案例】

小王是一位从小就很注重个人形象的女孩，中职毕业后做了公务员。在工作中她心直口快，遇到不满意的事就抱怨他人和单位领导，结果和单位领导弄得很僵，相互见面很别扭。她自己也不知道该如何适应，连穿衣说话都觉得左右为难，最后严重得要辞职。

② 有的毕业生容易自恃才高，不屑于与别人交往。过于相信自己的能力，而忽视与他人的配合，结果一方面会事倍功半，另一方面会引来他人的"另眼看待"。

【案例】

　　一家知名北京企业2003年招募到一名著名大学毕业生小陈，可是，正是这位大学毕业生，因为时时处处有一种与生俱来的优越感，不屑于与同事们平等合作，结果致使一个重要课题研究工作最终搁浅，这一件事给单位领导和同事带来了不良印象，最后他不得不离开了公司。

【点评】

　　俗话说"三个臭皮匠，抵一个诸葛亮"，小陈之所以最后黯然离职，其主要原因就是年轻气盛，恃才傲物，在他身上表现得过于明显，自己疏远了别人的同时，也被大家所抛弃，落下个孤家寡人。

　　③ 有个别毕业生缺少优秀的品德，贪图小利，加上利益的诱惑，很可能做出卖公司利益的行为。

【案例】

贪图小利吃大亏

　　广州一家高档时钟公司，销售部有个外贸业务员是某高校外贸专业毕业生。公司基本工资是3000元，工作出色还有提成，他主要的工作是和国外客户洽谈业务，签订单。由于他为了几千块钱的回扣将公司的一个客户转到公司的对手企业里去，致使公司损失了几十万元。事情败露后公司报警，他已触犯法律，证据确凿要坐牢。这人现已逃跑，有家不敢回。

　　④ 还有一些人走向了极端，把精力花在琢磨领导、同事身上，结果耽误了工作。

　　（4）生活节奏改变，主要对地理环境、生活习惯包括饮食习惯不适应。

　　2．中职生初入社会面临困难的原因

　　（1）对学生角色与职业角色的差异认识不清。现在，不少中职生从学校步入社会的过程中，对学生角色和职业角色差异认识不清，在工作中思维方式、行为方式、处世方法脱不了学生气，与职业角色要求的社会义务和社会规范有很大差异，其结果很可能使其在心理、工作、人际关系处理上出现偏差。两者的根本不同就在于社会权利、社会义务和社会规范的不同。

　　例如：学生角色的社会权利主要是依法接受教育，并取得经济生活的保证或资助；职业角色则是依法行使职权，开展工作，并在履行义务的同时取得报酬。

　　学生角色的社会义务（即社会责任）是努力吸取知识，德、智、体全面发展，掌握在社会主义建设浪潮中奋勇搏击的本领。这是一个接受教育、储备知识、培养能力的过程；而职业角色的社会责任，是以特定的身份去履行自己的职责，依靠自己的本领或技能去为社会服务，完成工作。

　　学生应遵从的社会规范多是从培养、教育的角度出发，引导学生德、智、体全面发展，健康顺利地成长为合格人才的行为模式和要求；社会赋予职业角色的规范、提供的行为模式，则因职业的不同而不同，这些模式既具体又严格，违背了就要承担一定的责任，甚至法律责任。

　　综上所述，学生与职业人相比，一个是受教育，掌握本领，接受经济供给和资助，逐步完善自己；一个是用已掌握的本领，通过具体工作为社会付出，以自己的行为承担责任。

　　（2）独立处理问题的经验少。现在的中职生多是独生子女，缺少社会经验，独立处理问题的经验较少。虽然参加了工作，但潜意识里仍把自己当学生，角色还未完成转换。竞争日益激烈，也导致年轻人心态浮躁，急于攀比出成绩，耐不住寂寞。尽管在职业初期有理想抱负，但光想成就大事业，沉不住气，导致其表现必然是急功近利，遭遇一点挫折就灰心丧气。

　　（3）不能客观地分析自我，自我认识不足。有无良好的自我概念，这是一个人的心理健康的基础，也是健康择业心理的核心。良好的自我认识，是指人们应该对自己有一个全面恰当的认识，即了解自己的理想、价值，同时也了解自己的特质，即个人的气质类型、兴趣爱好、能力倾向等。拥有良好的自我概念，就可以在选择职业时，选择那些符合自己的价值观需要，与自己的个性品质及能力相适应的工作，在工作中更有效地发挥个人潜能，实现自我价值。

　　但现在不少中职毕业生，由于缺乏社会历练，不能从更广更深的角度去认识、评价自己，自我认识往往或高于或低于实际的自我或别人的评价，这种自我认识的偏差，在工作中可能表现为缺乏自信或者过于自傲。因此，对于即将走上工作岗位的中职生，对自己要有一个正确的认识，要了解自身的气质、性格、兴趣、能力等个性心理特征，对自己有一个实事求是、恰如其分的评价，才能在工作中，将良好的主观愿望与客观的实际情况结合起来，获得最后的成功。

（4）不能正视社会现实，缺乏社会适应能力。用人单位对毕业生的要求越来越挑剔，对毕业生个人素质要求也越来越高。因此，中职生如果不能正视社会现实，不能了解就业形势，现实地设定自己的社会位置，就会盲目乐观或悲观，而只有知己且知彼，才能从实际出发，早日成才。

对中职生来说，信息时代要求我们具有终生学习的能力，否则就难于发挥个人优势，也难于早日适应社会。

二、适应社会的策略与技巧

1．积极投身社会，规划自己的就业适应期

中职毕业生首先要看清形势，增强信心，要看到自身的优势，看到往届师兄姐们的工作业绩，增强积极投身社会的勇气；其次要设计好自己的发展时段，规划自己的就业适应期。规划应遵循由易到难、循序渐进的原则，第一要立住脚跟，关键是做好本职工作，不要觉得新进入工作岗位的工作内容太基本太简单太低下，万事要从小做起，干不了小的就做不成大的。第二要打开局面，要融洽合群、有效地与人相处、受人喜爱；认真学习、勤于思考，做好每一件事，体现自己的价值。第三要重视自我发展，要用行动证明你不仅融洽合群，而且出类拔萃，赢得领导的重视；要有胆有识，积极主动，把握机会，实现自我。

2．明晰角色期望，正确处理好与领导、同事的关系

每个人都在社会中担任着一定的角色，而不同的社会成员对同一个角色的期望是不尽相同的。中职学校的毕业生在走向社会之前，应该明晰外界对自己所担任角色的期望。

（1）掌握工作岗位对职业角色的期望。任何一种职业，都有一定的职业要求和规范。每个人对于自己将从事的职业要有强烈的责任感和事业心，做到遵守岗位职责，讲求职业道德。

（2）了解领导对下属的期望。一个乐队，只有服从指挥，才能成功演奏；作为一名企业人员，应正确处理领导与被领导的关系，尽职尽力地完成领导所交给的工作任务。要尽量了解领导者的特点、工作方式和习惯，认真领会领导者的意图，努

力发挥个人专长，为企业创造效益。工作中可能会与领导发生分歧，若遇到这种情况，要恰当地发表个人的见解和建议，冷静理智地按岗位规范的要求约束自己，以踏踏实实地工作赢得领导和同事们的信任和理解。

（3）明了同事对新共事者的期望。孔子云：“三人行必有我师。”刚参加工作的毕业生应该谦虚谨慎，尊重同事。不论对年长者还是年轻人，是上级还是下级，因为他们在这个工作岗位上工作多年，各方面都比自己有经验，切不可给人留下肤浅的印象。

要赢得同事的信任，得到同事的帮助和支持，应该从小事做起，从本岗位做起，要不怕脏、不怕累，脏活累活抢着干，眼高手低、自命清高、不做实事，在现实生活中是行不通的。

（4）准确实现角色对自己的期望。初入社会的毕业生要了解社会和周围人群的特点，了解角色规范，观察和了解他人对事物的评价，从而学会担任角色。例如，机关工作人员喜欢安静的工作环境，言谈举止比较庄重，营销人员要求性格外向善与人沟通，这都是工作性质与环境的不同、人员层次与文化的差异决定的。但一个人无论担任什么角色，都必须根据岗位的需要去努力实现角色对自己的期望。

奥斯特洛夫斯基说过：“人的生活离不开友谊。但要获得真正的友谊并不难，它需要用忠诚去播种，用热情去灌溉，用原则去培养。”可见，建立和保持良好的人际关系的关键在于以诚相见，把握技巧。

应努力做到以下几点。

① 尊重他人，不自恃清高。到了新单位，尽管每个人秉性不同、爱好各异，但他们都可能掌握了某方面丰富的工作经验、娴熟的业务技能。要像尊重老师那样尊重他们，尊重他们的劳动和劳动成果，尊重他们的人格和感情，虚心向他们求教，不自恃清高，不妄自尊大，才能得到他人的尊重，才容易建立和谐的人际关系。

② 平等待人，不厚此薄彼。在自己的工作单位，同事之间应平等相待。不要以职务的高低、工资的多少来决定对人的态度；不要亲近一部分人，疏远另一部人，而应该尽力与所有同事发展平等友好的关系。

③ 热心助人，勿见利忘义。只有热心帮助别人的人才会得到别人的帮助，也只有热心助人的人才会得到人们的认可和赞扬。

④ 诚实守信，不贪图虚名。诚实是做人的基本要求，也是建立良好的人际关系的重要条件。要言行一致、说到做到、互相信任。

⑤ 主动随和，不孤陋寡闻。毕业生到了新的工作岗位后，应主动交往，乐于同大家打成一片，不要故步自封。只有在主动交往中，才能获得各种知识，找出自己的不足，体验到应该学习别人的东西，才能扩大自己的知识视野，增长见识，不断提高自身素质和水平。

⑥ 宽人律己，不心胸狭窄。不利于团结的话不说，不利于团结的事不做，堂堂正正做人，踏踏实实干事。当自己受到委屈或误解时，要胸怀大度，克制自己的情绪，冷静处理，勇于剖析自己，主动担负责任。

3．培养积极情感，自觉克服心理障碍

当人们面临一个陌生的环境或者加入一个陌生的群体，往往会很自然地产生一种戒备心理，这是人自我保护的本能反应。一个青年学生进入新的工作岗位时，如果不能很快地改变这种状态，那就不可能达到适应角色的要求。心理学认为，积极的情感能引起人们认识的积极性，使人们锐意进取；相反，消极的情感会使人消沉、沮丧，窒息人们认识和创造的热情。

因此，我们要尽其所能，积极培养愉悦、热情的情感和情绪，自觉克服心理障碍，工作起来才特别有劲，才能尽快适应新的工作岗位。

保持积极的情感，一是要保持积极乐观的生活态度，充分体验生活，如毕业生在进入新单位后，要虚心学习，大胆开展工作，要克服自视甚高心理，放下架子，面对现实，敢于实践，善于请教，成功开展工作，在生活和工作中寻找快乐。二是要学会合理地宣泄自己的情绪，既不要压抑自己，也不要放纵自己。情绪宣泄的途径很多，有倾诉、哭泣、写信、剧烈运动等。三是要学会放松调节，有想象放松法、音乐放松法、自由放松法。

4．实现六个转变

总体来说，转变主要是两个方面：即意识的转变和行为的转变。其中，意识的转变是决定性的，因为人的行为由意识来控制，只有意识有了根本性的变化，行为才能发生根本变化。具体来讲，转变有以下六个方面。

（1）个人导向朝团队导向转变。在学校以自我为中心的模式将不会适合于企业，个人的成功必须与整体的成功结合才有意义。这其中的转变包括：重个性转变到重标准；以个人为衡量标准转变到以集体为衡量标准；讲独创转变到讲协作；独行转变到合作。

（2）从情感导向朝职业导向转变。情绪化是学生的显著特征之一，这与职业人的高度理性行为是格格不入的。这里的具体转变包括：情感人转变到职业人（注重游戏规则）；个人好恶转变到敬业精神；情绪左右转变到职业驱动。

（3）从成长导向朝绩效导向转变。在学校中，学生考虑的往往是自己的成长，学生的衡量标准是成绩；而在企业当中，职业人考虑的往往是经营绩效和利润。具体来讲，转变包括：智慧生活转变到经济生活（考虑经济上的投入产出）；文化目标转变到利润目标；个人成长转变到企业成长。

（4）从思维导向朝行为导向转变。学生学习，重在开发智力，学习知识，往往都是思维的训练。这又和职业人的情况有很大的不同，转变也就必不可少了。具体包括：思维至上转变到产品至上；想到就行转变到做到才行；理论家转变到实干家；注重是非分析转变到注重是否合适。

（5）从依托个人资源向依托组织资源转变。这也是与前面的转变相对应的。学生以个人导向为主，相应地依托个人自己的资源来生存和发展；而职业人在组织中，依托和利用的资源来自于组织。具体来讲，利用个人资源转变到依托组织化的资源平台；独立发展转变到企业共同发展；依靠个人转变到依附企业。

（6）从兴趣导向朝责任导向转变。学生的生活更多是凭借自己的兴趣，而职业人的一个基本特征就是职责所在，义不容辞。这里的转变包括：兴趣所在转变到承担责任；个人利益为本转变到公司利益为本；追求快乐转变到追求信任。

5．正确总结经验，注意社会"无字之书"和技能方面的准备和再学习

中职毕业生普遍对未来生活充满热烈的憧憬之情和向往之心，对未知的生活领域往往具有积极的探索之心，这是中职生身上一种十分宝贵的精神财富，值得珍视，尤其对于年纪轻、阅历浅、很多方面涉世不深、缺少经验的中职生来说，不断总结经验，是尽快适应社会一项很重要的内容。中职生在适应社会中会碰到成功和

失败两种情况，成功了，有经验可供总结，失败了，有教训可供总结，对经验教训的认识深刻了，就可能在以后的实践中转败为胜，所以说，失败是成功之母。失败的教训也可以转变为成功的经验。

中职生初涉职场，会碰到挫折甚至局部的失败，这些都不要紧，重要的是必须保持有足够的信心和勇气，必须以冷静的头脑来分析遭受挫折的真正原因，并正面吸取教训，最大限度克服由挫折失败带来的负面影响。中职毕业生对于失败的分析，有正确的一面，也可能有消极的错误的一面。例如，在找到一份理想工作方面，有些人存在一种认识，是否找到好工作归结为家里是否有强有力的社会关系。这种看法是不正确的，近几年来，笔者在做就业工作中接触到大量毕业生，有一个深切的体会，只要专业素质好、有闯劲，有正确的人生态度，并为之付出不懈的努力，就一定能早日找到适合自己的工作职位。

此外，适应社会的过程，是一个学习、适应、继续学习、不断适应的过程。中职毕业生应注意包括基本的生活技能、社会规范、职业技能学习和再学习，要根据自己从事的职业，完善、补充中职期间所学的知识，从重理论到重实践转变，同时，这个再学习的过程将延续终生。

6. 努力保持自我，建立起真正的核心竞争力

中职生的社会适应，就是中职生对社会的一种积极投入和有机融合。这种投入和融合，以承认遵守社会规范和服从现实社会有序要求为基础，但并不应该以完全牺牲自我为代价。因此，中职生在适应社会中怎样努力保持自我，绝不带有自私的意味，而是一个十分严肃的话题。如何在社会适应中充分地保持自我个性相对独立完善，显然不能如邯郸学步那样失去自我。怎样保持自我呢？这就要求中职毕业生首先把握市场的需求，明确自我成才目标，按照职业生涯规划的要求，扎实地学好专业知识，锤炼实践动手本领，只有这样，才能在职业选择过程中增强针对性，才能最大程度地发挥专业特长。而实践证明，在就业的初期，以专业方向为基础选择工作有利于个人的发展，接着要沉下心来打基础。要有三年成长和成熟的心理准备，要培养自己良好的心理素质和心理承受力。要能够沉下心来，努力适应社会，适应公司环境，学会独立思考，独立行事，学会承受和忍耐，少说多做。掌握一些自己喜欢的、社会需要的技

能，为自己在未来的择业竞争中增加砝码，为实现自己的目标而打下坚实的基础，做好铺垫。

总之，青年学生就业适应期，也是心理情绪的潮动期，所学知识与实际需要的落差期，理想与现实的错位期，同时也是各方面能力培养的实践期和发展期。所以，职场新人只有及时提高认识社会和认识自我的能力，尽快度过当代中职生步入社会开始阶段的状态，尽快适应职场环境，并找到适合自己的职业规划，才会不断成长和成熟，才能处变不惊，避免陷入职业困顿，从而迈出成功的步伐，开创自己工作的新局面。

三、树立终身学习观，促进职业发展

过去，人们普遍重视青少年时期的学习，"一年之计在于春，一日之计在于晨"，一旦一个人的学习阶段结束，剩下的主要就是工作和劳动了，"学习一阵子，工作一辈子"即指此。

学习型社会是人类社会发展和信息时代的必然产物，是现代社会发展和人的发展的必然要求。

终身学习是21世纪的一种现代教育思潮，它发端于20世纪60年代，并在20世纪80年代后开始在各国教育改革发展中付诸实践。每一个人都必须在一生中不断地学习，以适应社会的需要。终身学习是更新知识、实现职业人生顺利发展的必由之路。它特别强调学习的非一次性、不间断性、变化性和适应性。

1．什么是终身学习

终身学习广为流行的两种定义是："人在一生中所需要的知识、技术，包括学习态度等应该如何被开发和运用的全过程"，"终身学习强调的基本特征是'有意义的学习'，而其学习场所也不限于家庭、学校、文化中心或企业等。大凡被个人或集团可以加以利用的一切教育设施及资源都应被包含在内"。

1994年在罗马举行的"首届世界终身学习会议"所采纳的定义是："终身学习是21世纪的生存概念"，"是通过一个不断的支持过程来发挥人类的潜能，它激励并使人们有权利去获得他们终身所需要的全部知识、价值、技能与理解，并在任何任务、情况和环境中有信心、有创造性地、愉快地应用它们"。

2．为什么要树立终身学习观

（1）信息社会的要求。摩尔定律表明，计算机软件等知识更新的周期只有18个月。相关研究表明，一个中职毕业生的"创造年龄"不超过4年，工程技术的有效期只有3年。美国学者卡兹研究绘制的卡兹曲线反映出科研组织的最佳年龄区只在1.5~5年。所有这些表明，不断更新知识、接受再教育是职业人生不可分割的组成部分，任何人无法回避。美国人平均一生中大约变更工作7次，不学无术、止步不前、仅凭"一技之长"就想拥有体面人生是不可想象的！终身学习是人们体面生存和继续职业生涯的必然选择。

（2）社会的要求。是否重视终身学习，是一个国家、民族兴衰成败的重要因素，学习是现代民族精神极其重要的组成部分。

（3）终身学习与职业发展的必然要求。高新知识的"充电"、科技智能的内化、职业技能的升级等，都使受教育者的生命潜能得到释放，生命质量得到提升。学习已成为生存、发展之道，知识将改变人们的命运。

3．如何实践终身学习

（1）终身学习是一种生存方式，是一种个体发挥创造潜能、追求自身发展的自我塑造、自我发现的过程，是一种生活方式，一种增长自己的声望、社会影响和适应能力的手段。

在终身学习视野里，学习活动开始超越教育范畴，即它不仅涉及教育范畴，还涉及生存范畴。进一步说，终身学习正在成为人的一种至关重要的生存责任，也正在成为人在未来社会中的一种生存方式——没有终身学习就无所谓人的一生的社会存在，就无所谓人的一生的生存质量。"终身学习是21世纪生存概念"的提出正是这一变化的必然。

（2）终身学习是一种主体转移。以往，学习者常被看成务必得到"塑造"的"客体"，而教师则被视为对其施加影响的主要力量。但是，当责任性、能动性、创造性等在人的成长与社会剧变中备受关注，在教育过程中越显其价值的时候，教与学的矛盾之间，后者开始占据更加突出的地位——"学终究比教重要，学习者又终究比教育者重要"。因此，在终身学习的旗帜下，学习者"越来越不成为对象，而越来越成为主体了"。

（3）终身学习基于学习者的自主性。终身学习以自主和能动地自我导向学习为核心，以自觉、主动、渴望学习为基本要求。

既然从"对象"变为"主体"，那么教与学的基点就必然定位在学习者的意愿与需求方面，也必然要求尊重每个学习者特有的认知方式和特点。诚如日本学者所指出的那样，终身学习是"基于每个个人自发的意愿而进行的活动"，是"自己根据需要选择适合于自己的手段和方法展开的"，而社会的责任则在于对他们的"要求给予必要的应答"，形成"不断的支持过程来发挥人类的潜能"。

（4）学习是一个终身的过程。终身学习以注重过程、强调连续、与时俱进、始终不辍为其基本特征。

在不断变化的社会里，人没有可能出现认识上的片刻停顿；在一生发展的过程中，人更没有理由拒绝履行不同生命阶段的不同发展任务。为此，大凡终身学习倡导者都认为"有意义的学习"是"通过其终身的生涯来进行的"。

（5）学习是一个全面的过程。学习不仅是一个需要持续一生的过程，也是一个需要进行全面学习的过程。理由就是社会变化投向人们的发展课题是多样的，个人成长投向个体的发展任务是多元的。世界终身学习会议的"获得他们终身所需要的全部知识、价值、技能与理解"，以及"开发和运用人在一生中所需要的知识、技术，包括学习态度"等都是这一要义的具体诠释。

（6）终身学习无处不在。终身学习发生在人类生活的所有空间，诚如上述流行定义所说的那样，学习场所决不限于家庭、学校、文化中心或企业，大凡可被个人或集团"加以利用的一切教育设施及资源都应包括在内"。

（7）终身学习的目的在于建立自信和能力，适应社会变化。终身学习的过程是一个知识的积累、运用和创造过程。而正是通过这个过程本身，使每个人在身临急剧变化的社会，面对新的挑战、任务、情况和环境的时候，都能满怀信心，愉快而自如地去运用知识、驾驭知识和创造知识。

第三课　自我认知

【案例】

　　一位解差押送一个犯罪和尚上府城，住店时和尚借机把他灌醉，把他的头发剃光，然后逃走了，解差醒后发现少了一人，大吃一惊，继而一摸光头转惊为喜："幸而和尚还在。"可随即他又困惑不解："那我在哪里呢？"

　　一个理智正常的人，大概不至于闹出不知"我在哪里"的笑话。然而要真正认识"自我"，却不是一件容易的事。我们这节课的目标就是教会大家如何正确地认识自己。

一、自我认知的重要性

　　自我认知也叫自我意识，或叫自我，是个体对自己存在的觉察，包括对自己的行为和心理状态和认知。自我认知是主观自我对客观自我的认识与评价，自我认知是自己对自己身心特征的认识，自我评价是在这个基础上对自己做出的某种判断。

　　如果一个人不能正确地认识自我，觉得处处不如别人，就会产生自卑，丧失信心，做事畏缩不前……相反，如果一个人过高地估计自己，也会骄傲自大、盲目乐观，导致工作的失误。因此，恰当地认识自我，实事求是地评价自己，是自我调节和人格完善的重要前提。

　　自我认知的心理认知是一种比较高级的认知能力。心理认知一般来说是一个无限的过程，因为心理活动本身是无限的，它会跟着个人经历和记忆以及思想和想象力不断地发展。因此凡是出现和前一阶段或者时期不同的心理活动后，个体对自我的心理将会有一个总结和重新的调整。

　　自我认知的超越状态在于个体认识到自己整个思维和记忆的状况，并能够将自己的心理活动进行控制，而达到一种忘我的境地或者说无我的境地。在此状态中，这个自我已经认识到我是谁，我和我的思想、记忆的关系。于是这个自我很可能被抛弃或者摆放到一个特定的位置或空间，而不是整个的自我或者我都处于这个思想和记忆之中。从觉察到自我，了解自我的性质和运作方式，到抛弃自我或达到无我，是一个超越的过程。也许这是自我认知的最后终结，而生命体的死亡只是自我认知的停止或中断。

【案例】

　　骆驼长得高，羊长得矮。骆驼认为长得高好，羊认为长得矮好，于是它们进行一场比试。它们走到一个园子旁边，园子四周有围墙，里面种了很多树，茂盛的叶子伸出墙外来。骆驼一抬头就吃到了叶子，而羊却怎么也吃不到。于是，骆驼说长得高好。羊不肯认输，它们俩又走了几步，看见围墙上有一个又窄又矮的门，羊大模大样地走进门去吃园子里草，可骆驼却怎么也钻不进去。于是，羊说长得矮好。骆驼也不肯认输。它们俩找老牛评理，老牛说："你们俩只看到自己的长处，看不到自己的短处，这是不对的。"

二、正确地认识自己的方法

【案例】

　　有一位画家把自己的画放在画廊上，请人们点评。第一天，请人们把坏笔之处圈出来，结果一天下来，几乎画的每一个角落都被圈出来了。画家觉得非常沮丧。画家的老师对他说："不要沮丧，明天依然拿出这幅画，让人们将精彩的部分都圈出来。"结果一天下来，又是画的每一个角落都被圈出来了。

　　这个故事说明了世人的眼光是很难统一的，不同的人对同一事物有他自己与众不同的观点，就像不同的人对我们的认识和看法也是不一样的，有人喜欢我们，有人不喜欢我们，有人认为我们好，有人认为我们不好。我们常为此彷徨，这时，最关键的就是自己能正确认识自己，这样才不会别人所左右，才不会成为墙头草。

　　在现实生活中，如果自我被扩大，就容易产生虚荣心理，形成自满和自我陶醉。这种人通常喜欢炫耀、哗众取宠，不能客观地评价自己。如果自我被贬低，就容易产生无能心理，认为自己无用，一无是处。这种人本来可以才华出众，成绩超群，却由于自我贬低，"非不为，是不能也"的自欺欺人的自我退缩伤害了自我。那么应该怎样认识自己呢?

1．用"比较法"认识自己

通过与同年龄的伙伴在处世方法、对人对事的态度、情感表达方式等方面进行比较，"以人为镜"找出自己的特点，来认识自己。比较时，对象的选择至关重要。找不如自己的人作比较，或者拿自己的缺陷与别人的优点比，都会失之偏颇。因此，要根据自己的实际情况，选择条件相当的人作比较，找出自己在群体中的合适位置，这样认识自己，才比较客观。

2．用"自省法"认识自己

自省是人的一种自我体验。人们在实际生活中，往往通过自我反思、自我检查来认识自己。重大事件中所获得的经验和教训可以提供了解自己的个性、能力的信息，从中发现自己的长处和不足。

3．用"评价法"认识自己

在认识自己的时候，应该重视同伴对自己的评价。他人的评价比主观自省具有更大的客观性。如果自我评价与他人的评价相近，则可说明自我认识较好；如果两者相差过大，大多表明自我认识上有偏差，需要调整。当然，对待他人的评价，也要有认知上的完整性，不可偏听偏信，要恰如其分地认识自己。

4．用"经历法"认识自己

在生活中通过总结成功与失败的经验及教训来发现个人的特点，因为成功和失败最能反映一个人的性格、能力上的优点和劣势。

5．用"二分法"认识自己

对任何事物的看法都应坚持唯物、辩证的观点，对自己的认识也不例外，既要充分发现自己的长处、优点，也要认清自己的短处与不足，只有这样，才能扬长避短，把握自己，取得更大的进步。

三、正确面对自己的优缺点

了解自己比了解别人更重要。如果一个人连自己都不了解，他又怎能作好人生的战略部署呢?

认识自己往往比认识别人更难。认识别人,你是站在客观的角度以客观的标准去衡量的;但认识自己却不一样,认识自我受到主观意识的支配,增加了认识的难度。

了解自己最重要的是了解自己的优点和缺点。其实,能真正认识到自身优点和缺点的人并不多。自卑者常常看不到自身的优点和长处,而自负者也很难发现自己的缺点和不足。了解了自身的优点和缺点,我们就掌握了正确规划人生的第一手材料,这是赢得成功人生的基础。

如何正确认识自己的优缺点呢?

(1)借助于外力。认识自己必须站在客观的角度。就如同照镜子一样,人在没有外力帮助的情况下,无法看清自己的面貌,但给他一面镜子,他就能清楚地看清自己的模样。同样,你可以通过别人对你真实、客观的评价了解自己。

(2)站在客观角度,解剖自己。主动排除主观因素的干扰,完全站在客观的角度分析自己,解剖自己。把自己的思想、言行独立己身,自己作为一个陌生人对已分离的自己进行评价。

"人贵有自知之明",客观地承认自己的优点,勇敢地面对自己的缺点,借自己的慧眼先把自己看清楚,才能明确努力的方向。

(3)留一点儿时间反省。许多人终日忙碌,到处奔波劳累,奋斗不息,却没想过稍稍停下来留一点儿时间思考,他们每天和同事、朋友、家人打交道,却没有时间和自己进行一次对话。不要说没时间,不要吝惜你的时间,留一点儿时间反省自己益处多多。毛泽东同志不是提倡批评与自我批评吗?其中更深一层的意思,是要人们在日常行事待人的空档,能够做一下自我的深刻反思自审。

俗话说:批评别人易,反省自身难。人们常常喜欢在别人身上挑毛病,这样也不好,那样也做得不对。出现问题,总是别人的错误造成的,而自己好像一点儿错也没有。殊不知,反省自我,以自身作为对象进行突破,结果是让自己进步得更快一点儿,离成功就更近一些。

我们要学会积极地看待自己。面对自己的优点,我们要肯定自己,看到自己的优点与特长,但不要自己为自己罩上耀目的光环,保持真实的自信,不断进取,冲破自责、自卑的枷锁，捍卫真实的自信，以求改变；面对我们的缺点，我们应该在正确认识自我的基础上，还需要悦纳自己，即包括喜欢和欣赏自己的优点和长处，改正和接受自己的缺点和短处。

面对自己的缺点，可有下面三种态度。

（1）消极认命，让自卑的感觉成为永远的现实。

（2）自暴自弃，用外在的强大来掩饰内在的虚弱，侵犯别人，危害社会。

（3）正视缺陷，发奋图强，超越自我。

你选择哪一条路？哪种态度对自己最有利？

积极的自我安慰：

（1）天生我材必有用，此路不通彼路通。

（2）浓缩就是精华。

（3）我很丑但我很可爱。

（4）我知道自己长得很丑，属于困难户、重灾区，跟某人相比，我可以自豪地宣布"我脱贫致富了"。

人的一生就是自我认识、自我发展的过程。人的一生其实都在探索和回答着这样的一个问题——我是一个什么样的人？我将成为一个什么样的人？只有正确地认识自我，才能找准自己的位置，才能适应社会，立足于社会。青年期是人生的重要发展时期，青年时期树立良好的自我意识，培养健全的人格对一生的健康发展起着重要的影响和作用。

【小游戏】

社会适应能力诊断量表

社会适应能力是一个人适应社会生活和社会环境的能力。社会适应能力的高低，从某种意义上说，表明一个人的成熟程度。具有良好的社会适应能力对于中职生走上社会，谋求生存和发展具有重要意义。本测试量表采用北京师范大学中职心理学院教授、博士生导师郑日昌教授编制的《社会适应能力诊断量表》，帮助你进行社会适应能力的自我判别。请你根据自身情况如实作答，了解自己的社会适应能力情况。

下面的问题能帮助你进行社会适应能力的自我判别（把答案填在括号内）。

1. 我最怕转学或转班级，每到一个新环境，我总要经过很长一段时间才能适应。（　）

　A. 是　　　　　　B. 无法肯定　　　　　C. 不是

2. 每到一个新的地方，我很容易同别人接近。（　）

　A. 是　　　　　　B. 无法肯定　　　　　C. 不是

3. 在陌生人面前，我常无话可说，以至感到尴尬。（　）

　A. 是　　　　　　B. 无法肯定　　　　　C. 不是

4. 我最喜欢学习新知识或新学科，它给我一种新鲜感，能调动我的积极性。（　）

　A. 是　　　　　　B. 无法肯定　　　　　C. 不是

5. 每到一个新地方，我第一天总是睡不好，就是在家里，只要换一张床，有时也会失眠。（　）

　A. 是　　　　　　B. 无法肯定　　　　　C. 不是

6. 不管生活条件有多大变化，我也能很快习惯。（　）

　A. 是　　　　　　B. 无法肯定　　　　　C. 不是

7. 越是人多的地方，我越感到紧张。（　）

　A. 是　　　　　　B. 无法肯定　　　　　C. 不是

8. 在正式比赛或考试时，我的成绩多半不会比平时练习差。（　）

　A. 是　　　　　　B. 无法肯定　　　　　C. 不是

9. 我最怕在班上发言，全班同学都看着我，心都快跳出来了。（　）

　A. 是　　　　　　B. 无法肯定　　　　　C. 不是

10. 即使有的同学对我有看法，我仍能同他（她）交往。（　）

　A. 是　　　　　　B. 无法肯定　　　　　C. 不是

11. 老师在场的时候，我做事情总有些不自在。（　）

　A. 是　　　　　　B. 无法肯定　　　　　C. 不是

12. 和同学、家人相处，我很少固执己见，乐于采纳别人的看法。（　）

　A. 是　　　　　　B. 无法肯定　　　　　C. 不是

13. 同别人争论时，我常常感到语塞，事后才想起该怎样反驳对方，可惜已经太迟了。（　）

　A. 是　　　　　　B. 无法肯定　　　　　C. 不是

14. 我对生活条件要求不高，即使生活条件很艰苦，我也能过得很愉快。（　）

　A. 是　　　　　　B. 无法肯定　　　　　C. 不是

15. 有时自己明明把课文背得滚瓜烂熟，可在课堂上背的时候，还是会出差错。（　　）

A. 是　　　　　　　B. 无法肯定　　　　　　　C. 不是

16. 在决定胜负成败的关键时刻，我虽然很紧张，但总能很快地使自己镇定下来。（　　）

A. 是　　　　　　　B. 无法肯定　　　　　　　C. 不是

17. 我不喜欢的东西，不管怎么学也学不会。（　　）

A. 是　　　　　　　B. 无法肯定　　　　　　　C. 不是

18. 在嘈杂混乱的环境里，我仍然能集中精力学习，并且效率较高。（　　）

A. 是　　　　　　　B. 无法肯定　　　　　　　C. 不是

19. 我不喜欢陌生人来家里做客，每逢这种情况，我就有意回避。（　　）

A. 是　　　　　　　B. 无法肯定　　　　　　　C. 不是

20. 我很喜欢参加社交活动，我感到这是交朋友的好机会。（　　）

A. 是　　　　　　　B. 无法肯定　　　　　　　C. 不是

说明：

1. 计分情况：单号题：A：-2分；B：0分；C：2分

双号题：A：2分；　B：0分；C：-2分

2. 结果显示：

（1）个人得分＿＿＿＿。

（2）得分对照，了解自己的社会适应能力情况。

35～40分：社会适应能力很强，能很快地适应新的学习、生活环境，与人交往轻松、大方，给人的印象极好，无论进入什么样的环境，都能应付自如，左右逢源。

29～34分：社会适应能力良好，能较好地适应周围的环境，与人关系融洽，处事能力较强。

17～28分：社会适应能力一般，当进入一个新环境，经过一段时间的努力，基本上能适应。

6～16分：社会适应能力较差，依赖于较好的学习、生活环境，一旦遇到困难则易怨天尤人，甚至消沉。

5分以下：社会适应能力很差，在各种新环境中，即使经过一段相当长时间的努力，也不一定能够适应，常常感到与周围事物格格不入而十分苦恼。在与他人的交往中，总是显得拘谨、羞怯，手足无措。

　　如果你在这个测查中得分较高，说明你社会适应能力较强。但是，如果你得分较低，也不必忧心忡忡，因为一个人的社会适应能力是随着年龄的增长、知识经验的丰富而不断增强的。只要你充满信心，刻苦学习，虚心求教，加强锻炼，你一定会成为适应社会的成功者。

压力小测试

　　请回想一下自己在过去一个月内是否出现下述情况：

　　1．觉得手上事情太多，无法应付。

　　2．觉得时间不够，所以要分秒必争。例如过马路时闯红灯，走路和说话的节奏很快。

　　3．觉得没有时间消遣，终日记挂着学习和工作。

　　4．遇到挫败时很容易发脾气。

　　5．担心别人对自己表现的评价。

　　6．觉得老师、同学和家人都不欣赏自己。

　　7．担心自己的经济状况。

　　8．有头痛/胃痛/背痛的毛病，难以治愈。

　　9．需要借烟酒、药物、零食等抑制不安的情绪。

　　10．需要借助安眠药协助入睡。

　　11．与家人/朋友/同事的相处令你发脾气。

　　12．与人交谈时，打断对方的话题。

　　13．上床后觉得思潮起伏，很多事情牵挂，难以入睡。

　　14．太多事情，不能每件事做到尽善尽美。

　　15．当空闲时轻松一下也会觉得内疚。

　　16．做事急躁、任性而事后感到内疚。

　　17．觉得自己不应该享乐。

　　【计分方法】从未发生0分，偶尔发生1分，经常发生2分

　　0~10分：你能够应付生活中的许多事情，但有时也会有些烦恼，这是正常的。

11~15分：你有轻度的心理压力，虽然常会感知到各种烦恼，但你基本上能够应对自如。你应当学会调节自己的心情，保持轻松平和的心态。

16分及以上：你已经在承受巨大的心理压力，你不能处理生活中的许多问题，因此会感到紧张和不安。你应当尽快改变这种情况，建议接受专业人士的专业辅导。

模块三

服从与执行

【案例一】

我国东北地区有家企业因管理不善导致破产，后来被日本一家财团收购。厂里的人都在翘首盼望日本人能带来什么先进的管理方法。出乎意料的是，日本财团只派来几个人，除了财务、管理、技术等要害部门的高级管理人员换成日本人外，其他的根本没动。制度没变，人没变，机器设备没变。日方就一个要求：把先前制定的制度坚定不移地执行下去。结果不到一年，企业就扭亏为盈。日本人的绝招是什么？

【案例二】

西点军校在其二百多年的历程中，培养了众多的美国军事人才，其中有3700人成为将军，2人成为美国总统（格兰特和艾森豪威尔），5位五星上将。"二战"后在世界500强企业和跨国企业集团中，西点军校培养出来的董事长有1000多名，副董事长有2000多名，总经理、董事一级的有5000多名。世界任何一所名牌大学都没有培养出这么多优秀的经营管理人才。西点军校为什么是杰出人才的摇篮？

上述两个案例的答案就是：完善的纪律、绝对的服从和钢铁的毅力。

人是根据既定的纪律群居而形成社会的，而学校或者企业就是一个有自己一套纪律的小型社会，任何社会的成功都是依靠成员服从和执行既定的纪律而来的。本模块旨在培养学生对于纪律的服从性和执行力，从而提高学生的核心品德能力以及在企业的核心竞争能力。

第一课　　纪　律

什么是纪律？在《新华字典》里"纪律"的释义是："为维护集体利益并保证工作进行而要求成员必须遵守的规章、条文。"由此可见纪律就是要求成员遵章守法，按大多数人认为对的方式做事，不做有违集体利益的事。

在现代商业社会里，集体最多的存在形式就是公司——大多数人生存的根本形式。不一样的公司有不一样的规章制度。这些制度可约束人的行为，使单个的人以团队的形式发挥更大的力量，变得更有效率，从而创造更多的价值。守纪律的人大多拥有以下优点：有明确的人生目标，并为这个目标不懈努力；乐观、积极向上的良好的心态；诚实守信；坚毅的性格等。听起来这些好像是有大成就的人才有的优点，其实是因为他们有了这些优点才有所成就，等于说守纪律的人就有了很大的成功的资本。

一般来说，纪律有以下三种基本含义：

① 纪律是指惩罚；

② 纪律是指通过施加外来约束达到纠正行为目的的手段；

③ 纪律是指对自身行为起作用的内在约束力。

这三层意思概括出了纪律的基本内涵，同时也反映出良好纪律的形成过程是一个由外在的强迫纪律逐步过渡到内在自律的过程。作为目的，学校纪律追求什么呢？首先需要让学生意识到：学习、生活和工作过程中都需要纪律、需要约束、需要规则；在有纪律的环境中，群体活动会更有秩序，更加高效；每一个人都需要遵守纪律，并为自己不遵守纪律的行为承担责任。其次，要引导学生通过协商，共同约定等方式参与规则制定，参与制度建设。最后，通过纪律管理使学生养成尊重纪律的意识和习惯。

【案例】

曹操割发代首

曹操是三国时期伟大的政治家和军事家，他的许多故事为后人所熟悉。其中有一则"割发代首"的故事，今天读来仍然很有意义。

东汉末年，军阀混战，弄得民不聊生，怨声载道。曹操非常清楚赢得民心的重要性，因此对军队的纪律非常重视，三令五申要求军队必须遵章守纪。针对有些士兵行军作战时不注意保护群众利益的现象，曹操特意制定了严格而具体的法令，比如战马踏坏了群众的庄稼即处以斩首。这些纪律一经颁布，深受群众欢迎。

有一次，曹操自己的战马因突然受到惊吓，窜入田中踏坏了几颗青苗。监察官员一看是最高统帅的马踏坏了庄稼，又情有可原，当然不好定罪。但曹操却不肯原谅自己，一面抽打战马，一面抽出战刀就要自裁。这时身边的侍卫赶紧拦住，众僚属也赶紧进言相劝，说丞相您是国家的顶梁柱，为了国家的利益您也不能自杀，马踏青苗是因马受惊，情有可原，就是按纪律制裁也应该宽大处理，等等。而曹操却一本正经地说，纪律刚刚颁布，如果因我而不执行，今后别人也就没有办法执行了，还是要坚持自杀。

众僚属就建议说，是不是可以变通处理呢？比如"割发代首"。于是曹操顺坡下驴，同意作变通处理，自己用战刀割下一把头发，以示警戒。

这个故事今天读起来也许觉得可笑，认为割把头发还弄得那么严肃。其实当时割头发也是一种很重的惩罚。古人奉行孝道，强调身体发肤由父母所赐，本人是不能轻易毁伤的，否则就是不孝。因此，曹操这一"割发代首"之举，起到了震慑全军、令行禁止的效果。我们暂且不管曹操这出戏是真是假，对于最高统帅的他能做到这一点，这种遵纪守法的精神就足以值得学习。

【案例】

西点军校的经营策略：纪律就是纪律

在西点军校，从学员的选拔录取、淘汰到学员的日常生活、行为准则、服装与仪表、营房与宿舍、人身与财产安全、声名、假期、教学程序、待遇与特殊待遇等都做了详尽、明确的规定。这些规章制度像是高悬的达摩克利斯之剑，随时都可能刺向违规者，对于学员的行为有着很强的约束力。

纪律是严明的，有时甚至是残酷的，尤其对新学员，他们几乎没有做出任何决定的资格。但他们知道，任何西点人都要过这一关，他们也能。

有意义的是，学员们上课、阅兵、检查、体育运动等，每天都安排得满满的，而且任何人都必须完成。开始时大家可能是为了形式，不去考虑实质。但是时间一长，习惯成自然，他们便逐渐把军校的目标变成了个人目标。

西点《集合号》杂志曾刊登学员队司令的一篇文章，专门强调了"自觉的纪律"。自觉的纪律是一支优良军队的重要特点，所以，在西点军校，自觉的纪律更为重要。自觉的纪律是军事院校必须为学员灌输的优良品质，一个人如果要想担负管理责任，这种品质是必不可少的；一个人如果要想很好地为国家服务，也必须具备这样的品质。它之所以有这么重要的作用，因为它是一个优秀的人才所必备的素质，也是任何人希望具有的。

世界上的任何事情都没有绝对的，自由也是；没有纪律的约束，自由就会泛滥成为堕落。在公司中，员工不要把纪律当成洪水猛兽那样觉得恐惧。英国克莱尔公司在培训新员工时，总是先介绍本公司的纪律，首席培训师加培利总是这样说："纪律就是高压线，它高高地悬在那里，只要你稍微注意一下，或者不是故意去碰它的话，你就是一个遵守纪律的人。看，遵守纪律就是这么简单。"

的确，如果你稍微倾注心力，就省去了很多抱怨和烦恼，你不会怨恨纪律严格，也不会讨厌上司的严厉。

一、纪律在校园中的重要性

常言道："没有规矩，不成方圆。"无论何行何业，都将纪律、规章制度放在首要位置，纪律面前，人人平等。"师出以律"，古今中外，莫不如此。我们作为一名教师或者学生，更要明白纪律的重要性，也只有铁的纪律，才能与师生两个字相配。所谓纪律，是我们遵守秩序、执行命令和履行职责养成习惯的一种规范。严明的纪律是我们在学校学习的重要内容。

首先需要让我们意识到，学习和生活过程中都需要纪律，需要约束，需要规则；在纪律的环境中，群体活动会更有秩序，更加高效，每一个人都需要遵守纪律，并为自己不遵守纪律的行为承担责任。其次，要引导学生通过协商、共同约定等参与规则制定，参与制度建设，变被动为主动，最终达到通过纪律管理使学员们养成遵守纪律的意识和习惯。

春秋末期，伟大的军事家孙武离开齐国后，来到吴国。吴王为了检验他兵法的适用性，便召集了后宫美女一百八十人交给孙武操练，自己反复宣布命令："一、不许混乱队伍；二、不许笑语喧哗；三、不许故意违反军令。"然后申明训练规矩，命令听从鼓声指挥。训练过程中，众后宫美女见孙武那副认真样子，觉得好玩，倚仗吴王对自己的宠爱，不听鼓声约束，有的索性趴在地上不动。孙武见此情景，毅然斩掉了吴王宠爱的两个后宫美女。其余众美女全都大惊失色，惊恐万分，个个都打起精神，再不像刚才那样嘻嘻哈哈，嬉笑打闹，自始至终都井然有序，寂然无声。

其实我们学生也是这样，只有严格要求自己，遵守各规章制度，才是学习的开始，才能顺利达到成功的彼岸。没有纪律就没有顽强的战斗力，这一点大家都知道，作风涣散，自由散漫是不可能打胜仗的。同时，纪律也是学校决策、意志得以贯彻执行的可靠保证，更是维护学校团结和提高学校形象的重要因素。因为纪律不仅仅是我们实施教育训练的手段，它本身就具有一定目的性，所以，纪律教育是所有师生共同的事，每一名学校师生都应加强对纪律的学习，统一认识，要求一致。作为教师要把这种要求和认识灌输给学生们，从而使学生也有一个清楚的认识，哪些是高压线，不能碰，哪些是对的，要学习，要做，更要坚持，这本身是习惯问题，也是纪律问题，但习惯需要培养，很多好习惯是在纪律的支持下形成的。这样，我们对学生实施各种各样教育的目的也达到了，让学生培养了良好的习惯。

二、纪律在企业管理中的重要性

对生产型企业而言，劳动纪律管理的目的，就是维持良好的生产经营秩序、提高工作效率和保障安全生产，优质高效地实现企业的生产经营活动。要实现这一目的，就必须有一个有效的生产纪律管理模式。

纪律是保证执行力的先决条件。什么是纪律？纪律是服从，下级服从上级、部门服从公司、公司服从集团。令行禁止，决定的事和布置的工作必须有反应、有落实、有结果、有答复。服从是任何一个员工的基本素质，也是对所有员工的基本要求。

任何企业管理的核心都是人，人们追求的一切都同他们的利益有关。所以要正视人的这一特性，在注重管理科学化、有序化的同时，树立人本主义的现代企业的管理理念，进行民主管理。完善劳动纪律管理制度，用合理的制度来制约人、引导人、激励人，建设科学的考核制度，与绩效挂钩考核。制度管理与情感管理结合，积极改善物质文化生活条件，营造栓心留人的环境，把员工真正地当作企业的主人，为员工创造更加有前景的发展空间。作为企业的管理者要起到带头模范作用，应充分地与员工沟通，用理智解决问题，保证沟通无障碍，这是企业走向和谐的必要条件。

没有纪律的企业文化不可能指导企业的各项工作有序取得成功。在企业做事就要认同企业的规则，对已经形成的纪律坚决遵守，成为一名有纪律的员工。把纪律变成习惯，做任何事情都会按照规则去进行。

纪律是完成任务的重要保证，组织是发挥群体合力的纽带，一个缺乏组织性纪律性的群体是很难克敌制胜的。相反，一个具有高度组织性纪律性的群体，即使在最艰苦的环境下也能迎难而上所向披靡。

环顾全球，一些在事业上非常成功的企业家有相当部分不是出自商学院，而是出自军队。据统计，第二次世界大战后，在世界500强企业中，西点军校培养出来的董事长有1000多名，副董事长有2000多名，总经理、董事一级的有5000多名。任何商学院都没有培养出这么多的优秀经营管理人才。在美国还有"蓝血十杰"的故事：美国的福特汽车在1945年由于经营不善出现了亏损，亨利·福特二世大胆起用以查尔斯·桑顿为首的10名青年退伍军官。这10名退役军人为福特建立了科学的管理制度，为企业的管理输入了新的理念，使得福特汽车重振雄风。由于这些人在管理上的建树，他们当中先后出现了两任国防部长，两任世界银行CEO，两位著名的商学院院长，6位企业CEO，他们被誉为"蓝血十杰"，成为美国现代管理学之父。20世纪90年代，著名的CEO杰克·韦尔奇决定：每年选拔200名退伍军人充实通用公司的中下层管理队伍，并且要求各层管理者逐批到西点军校受训。

在我国，排名500强的企业中，有军人背景的总裁、副总裁就有200多人，其中像联想的柳传志、海尔的张瑞敏、华为的任正非、万科的王石等都是。

为什么有军人背景的人容易在管理界出人头地呢？这是因为他们在军队里铸就了铁的纪律，并把它运用到企业中去。在任何一个国家，军队都是最有效率的组织之一。在著名的西点军校，新生放学第一课就是训导学员们不管什么时候遇到学长或军官问话，只能回答"报告长官，是"；"报告长官，不是"；"报告长官，我不知道"。除此之外不能多说一个字。

为什么有如此蛮不讲理的训练呢？因为军队强调纪律，强调无条件地服从。它不需要任何借口，西点军校最重要的行为准则就是"没有任何借口"。它强化每位学员想尽办法去完成任何一项任务，而不是为没有完成任务寻找借口。它要让学员学会适应压力，具备不达目的不罢休的毅力。它要让每一个学员都明白：工作中没有任何借口、失败没有任何借口、人生也没有任何借口。

在不少企业，有些员工没有完成任务，不但不从自己主观上寻找原因，反而会寻找各种各样的借口。这些借口不仅使他们所犯的错误听起来情有可原，甚至还有些理所当然；有些员工迟到了，不仅不认为工作散漫，还会寻找诸如交通状况不好或者其他各种理由作借口，证明自己迟到是客观原因造成的，自己没有任何责任；有些员工犯错误给公司造成了损失，也千方百计地找借口推脱，尽可能推得一点责任也没有……于是公司没法管理他们，因为他们总有理由证明自己是无辜的。然而，在市场上，谁也不会认为你们的公司是无辜的，该淘汰你的时候毫不犹豫地淘汰你。因此，为了公司不被市场淘汰，把"没有任何借口"引入企业的管理中非常必要。

"没有任何借口"听起来像很武断，很不公平，但人生并不是永远公平的。西点军校教育学员们：无论遭遇什么样的环境，都必须学会对自己的一切行为负责！学员在校时只是年轻的军校学生，但日后肩负的却是自己和其他人的生死存亡，乃至整个国家的安全。在生死关头，你还能到哪里去找借口？哪怕最后找到了失败的借口又能如何？

一些现代职场中的成功者在回顾他们的成功经验时说，你在工作中要永远记住执行上级的命令。在企业管理中必须有严格的纪律。必须让员工绝对服从命令，不要寻找为自己开脱的任何借口。不幸的是，在生活和工作中到处充斥着这样或那样的借口，这些借口似乎在告诉我们不能做某些事或做不好某些事的理由。而且某些借口冠冕堂皇得像是"理智的声音"、"合情合理的解释"。有些人做不好一件事，完不成一项任务，就去利用借口抱怨、推诿、迁怒、愤世嫉俗，并把它们当成解脱自己责任的"万能器"。

　　一个团结协作、富有战斗力和进取心的团队，必定是一个有纪律的团队；同样，一个积极主动忠诚敬业的员工，也必定是一个具有强烈纪律观念的员工。可以说，忠诚、敬业的员工也必定是一个具有强烈纪律观念的员工；可以说纪律永远是忠诚、敬业、创造力和团队精神的基础。对企业而言，没有纪律便没有了一切。

　　军队里之所以制定了严格的纪律和处罚制度，甚至还有体罚，就是为了让每一个战士养成根深蒂固的纪律观念，培养每一个战士强烈的自尊心、自信心和责任感等优秀品质，以保证士兵在执行任务时迅速高效地完成任务。

　　在军队里，服从是一种美德，"不管叫你做什么都照做不误"是第一要义。不学会服从，不养成服从观念，就不能在军队里立足。服从的观念在企业界同样适用，每一位员工都必须服从上级的指挥。大到一个国家、军队，小到一个企业、部门，其成功与否很大程度上就取决于是否完善地贯彻了服从的观念。服从是行动的第一步，处在服从者的位置上就要遵照指示做事，服从的人必须暂时放弃个人的独立自主，全心全意地遵循所属机构的价值观念。

　　当然，在企业中不能照搬照抄军队的管理模式，而且上司也会犯错误，上司的指令并不一定都是正确的。但是一个高效的企业必须有良好的服从观念，一个优秀的员工也必须有服从的意识。因为上司的地位、责任使他有权发号施令，在实现共同目标的过程中，就会产生障碍，就会发生分歧，就会无法集中企业的优势和精力去把某一件事做好。严重的还可能导致企业内讧或者分裂。

　　一支部队、一个团队、一名战士、一名员工要完成上级交付的任务，就必须具有强有力的执行力。接受了任务就意味着做出了承诺。因此完成不了任务就不应该找任何借口。就必须自己承担责任。思想影响态度，态度影响行动，一个不找任务借口的员工肯定是一个执行力很强的员工。在企业里如果一名员工没有坚决服从命令严格执行命令的意识，就算有再多的创造力也可能显得非常平庸，不会给公司带来什么效益。

　　因此，企业有良好的纪律，主要体现在员工执行任务时，不找任何借口。任何一个组织的成员，无论做什么事情，都要记住自己的责任，无论什么岗位都要对工作负责！

【阅读材料】

纪律——敬业的基础
[美]费拉尔·凯普

一个团结协作、富有战斗力和进取心的团队，必定是一个有纪律的团队。同样，一个积极主动、忠诚敬业的员工，也必定是一个具有强烈纪律观念的员工。可以说，纪律，永远是忠诚、敬业、创造力和团队精神的基础。对企业而言，没有纪律，便没有了一切。

西点军校非常注重对学员进行纪律锻炼。为保障纪律锻炼的实施，西点有一整套详细的规章制度和惩罚措施。比如，如果学员违反军纪军容，校方通常惩罚他们身着军装，肩扛步枪，在校园内的一个院子内正步绕圈走，少则几个小时，多则几十个小时。关于这方面的轶事，我们随处可见。

这样的训练整整持续一年，纪律观念由此深深地根植于每个人的大脑中。同时，与之而来的，却是每个人强烈的自尊心、自信心和责任感，这是一些让人受益终身的精神和品质。

我在西点军校接受了关于纪律的严格训练，它帮助我成为了一名合格的陆军指挥官。在后来为企业服务的职业生涯中，我成功地把这种纪律观念灌输给我的每一个下属，它又帮助我获得了不凡的成功。我发现，纪律的作用和重要性，比人们通常所想象得还要大。

当你的企业和员工都具有强烈的纪律意识，在不允许妥协的地方绝不妥协，在不需要借口时绝不找任何借口时，比如质量问题，比如对工作的态度等，你会猛然发现，工作因此会有一个崭新的局面。

对企业和员工而言，敬业、服从、协作等精神永远都比任何东西重要。但我相信，这些品质不是员工与生俱来的，不会有谁是天生不找任何借口的好员工。所以，给他们进行培训和灌输显得尤为重要，就像西点军校不断要求我的着装和仪表一样，最后是要让所有的人都明白，"纪律只有一种，这就是完善的纪律。"

还是来看看伟大的巴顿将军的例子吧。乔治·福蒂在《乔治·巴顿的集团军》中写道："1943年3月6日，巴顿临危受命为第二军军长。他带着严格的铁的纪律驱赶第二军就像'摩西从阿拉特山上下来'一样。他开着汽车转到各个部队，深入营区。每到一个部队都要啰唆训话，诸如领带、护腿、钢盔和随身武器及每天刮胡须之类的细则都要严格执行。巴顿由此可能成为美国历史上最不受欢迎的指挥官。但是第二军发生了变化，它不由自主地变成了一支顽强、具有荣誉感和战斗力的部队……"

巴顿可以说是美国历史上个性最强的四星上将。但他在纪律问题上，对上司的服从上，态度毫不含糊。他深知，军队的纪律比什么都重要，军人的服从是职业的客观要求。他认为："纪律是保持部队战斗力的重要因素，也是士兵们发挥最大潜力的基本保障。所以，纪律应该是根深蒂固的，它甚至比战斗的激烈程度和死亡的可怕性质还要强烈。""纪律只有一种，这就是完善的纪律。假如你不执行和维护纪律，你就是潜在的杀人犯。"巴顿如此认识纪律，如此执行纪律，并要求部属也必须如此，这是他成就事业的重要因素之一。

第二课　自　律

所谓自律，就是针对自身的情况，以一定的标准和行为规范指导自己的言行，严格要求自己和约束自己。"金无足赤，人无完人。"世界上没有十全十美的人，每个人都会有缺点。一个自律的人应该经常检查自己，对自己的言行进行自省，纠正错误，改正缺点，这是严于律己的表现，是不断进取的重要方法和途径。有错误和缺点不怕，可怕的是无视它，不去改正它。一个自律的人，应该是一个懂得自爱，勇于自省，善于自控的人。自律，能使人明于自知，使人养成良好的行为习惯，使人学会战胜自我，使人身心健康，使人高尚起来，建立良好的人际关系；同时它是一个修养的起点和基本要求，也是一个人行动自由所必须的条件。一个人能够自律，说明他的修养已达到了较高的境界。

一、中职生自律意识的培养

德国著名诗人歌德说过："毫无节制的活动，无论属于什么性质，到头来都将一败涂地。"中职生活与初中生活的环境有些不同，中学的管理比较刚性，而职校的环境相对宽松自由，主要是靠自我管理、自我约束。因此，一个新生要想完成学业，成为国家的栋梁之材，就应该注意培养自律意识，学会管住自己。中职生在学校主要培养下面几方面的自律意识：

（1）道德自律。古人云："德，才之帅也；才，德之资也。"中职生是国家未来的技术人才，不仅要学习现代科学知识，培养专业技能，而且要有高尚的道德情操。因此，中职生要学会做人，学会做事，注意从点滴小事做起，坚持高标准严要求，讲文明礼貌，遵纪守法，克服不良的习惯，重视自身的道德修养，做一个人格高尚、品行端正、有较高文明素养的学生。

（2）时间自律。珍惜时间就是珍惜人生，浪费时间就是挥霍人生。科学地分配和利用好时间，是提高学习效率、降低学习成本、挖掘人生潜能的关键。中职学校里自由支配的时间增多，必须要对时间进行合理的安排和计划，包括每月、每周、每天的时间都要有一个安排，使时间得到合理有效的使用，不能无目的、无计划地盲目学习。总之，要用"一万年太久，只争朝夕"的精神，珍惜在校分分秒秒的宝贵时光。

（3）学习自律。与紧张的中学学习相比，中职学校的学习环境相对变"软"，老师的督促少了，家长的叮嘱少了，自学的时间多了。学习的自律要求转变，学习态度由要我学变为我要学，提倡自觉学习，自我加压，增强学习的动力。

（4）生活自律。生活自律要求做到生活上自立，学会安排自己的生活，养成有规律、有秩序的生活习惯。"凡事预则立，不预则废"，做事要有计划，事后要有总结，不能想做什么就做什么，生活杂乱无章，没有头绪。做事不要拖拉，要雷厉风行，今天的事今天完成，不要拖到明天。

（5）交友自律。孔子曰："独学而无友则孤陋寡闻。"交一个知心的高品位的朋友可以使你学到很多有益的东西，素质得到提高；交一个不好的朋友，你不仅学不到有益的东西，而且有可能造成不快和烦恼、麻烦，甚至受到伤害。因此，交友不能随心所欲，要有选择性，尽量多结交那些知识渊博、素质高、人格高尚的朋友，少结交酒肉朋友，不结交品质不佳的朋友。

（6）消费自律。中职生的消费资金的来源主要靠家庭的收入，大多数学生是纯消费者。常言道："吃饭穿衣量家当。"为了减轻家庭的经济负担，中职生花钱要悠着点，注意节俭，不要攀比和高消费。

【案例】

在美国一所大学的日文班里，突然出现了一个50多岁的老太太。开始大家并没感到奇怪。在这个国度里，人人都可以挑自己开心的事做。可过了不长时间，年轻人们发现这个老太太并非是退休之后为填补空虚才来这里的。每天清晨她总是最早来到教室，温习功课，认真地跟着老师阅读。老师提问时她也会出一脑袋汗。她的笔记记得工工整整。不久年轻人们就纷纷借她的笔记来作参考。每次考试前老太太更是紧张兮兮地复习、补缺。

有一天，老教授对年轻人们说："做父母的一定要自律才能教育好孩子，你们可以问问这位令人尊敬的女士，她一定有一群有教养的孩子。"一打听，果然，这位老太太叫朱木兰，她的女儿是美国第一位华裔女部长——赵小兰。

🏆 自律能力测试

下面是20道测试题，符合你的情况回答"是"，反之回答"否"。

（1）当你因为娱乐耽误了计划好的重要工作，你会不会后悔？

（2）当被人要求做一件事情，并且你知道这件事情有很大的难度时，你是否会认为这是一项有趣的挑战？

（3）如果某项工作应当在当月5日完成，但你知道即使6日完成也没有人批评你，你会在5日完成吗？

（4）你经常仔细地计划你的资金吗？

（5）你通常能准时缴付各种账单吗？

（6）你是否善于记录、存放各种资料？

（7）如果你需要用某一证件，你能否自己在一两分钟内找到它？

（8）如果你需要赶一项任务，你能否一连数天每天都工作12小时以上？

（9）你是否经常主动做一些分外工作？

（10）你能长时间自动自发地工作吗？

（11）你是否在没有人要求下，为自己设定工作目标及完成截止日期？

（12）你是否经常计划如何使用你的时间？

（13）你今天是否做了时间支配计划？

（14）如果某件事你不乐意做，但有领导要求你做，你会拒绝吗？

（15）你总是能专注地工作，而不会受外界干扰吗？

（16）如果某项工作很重要，即使没有人强迫你，你也会自发地做好它吗？

（17）有一项重要的工作需要加班，而这天晚上恰又有你非常喜爱的球赛，你会选择加班吗？

（18）碰上棘手的难题时，你总是首先想办法自己解决吗？

（19）你需要一些资料却无法得到，你会立即找人提供帮助吗？

（20）你不存在多次决心做某件事却最终因为主观原因没有做成的情形，对吗？

老师公布评分标准，交由同学进行计分，分数最低的5名同学要进行惩罚游戏。

二、如何提高自律能力

1．制订出你做事的优先顺序，然后按这个顺序去做

如果一个人只看自己的心情，和一时的方便而行事，肯定不会成功的，更不要说别人尊重并跟随他了。有一句话说得好："完成重要任务有两项不可缺少的伙伴：一是计划，二是不太够用的时间。"

2．把自律的生活方式当成目标

向杰瑞·莱斯这类高度自律的成功人士学习，你会发现自律不能只是偶尔为之，它必须成为你的生活方式。培养自律最佳的方式是为自己制订目标及规划，特别是在你视为重要的需要长期的成长及追求成功的指标项目上。例如，为了持续的写作及演讲，我每天固定将所读的资料存档，以作为日后参考之用。再者，我在1998年12月心脏病发作，之后就养成每天早晨运动的习惯。这些都不是我做做停停的事，我会在有生之年持续下去。

3．向你的借口挑战

如果想培养自律的生活方式，首要的功课之一就是破除找借口的习惯。正如法国古典文学作家佛朗哥所说："我们所犯的过错，几乎都比用来掩饰的方法，更值得原谅。"如果你有几个令你无法自律的理由，那么，你要认清它们只不过是一堆借口罢了。如果你想成为更有成效的领袖，就必须向你的借口提出挑战。

4．工作（学习任务）完成之前，先把奖励挪开

著名作家麦克·狄朗尼说过这么一句智慧的隽语："任何一个企业或机构，如果给予怠惰者和贡献者同等待遇，那么，你将会发现前者越来越多，后者越来越少。"如果你缺乏自律，那么你可能就是把甜点放在正餐之前享用的那种人。

5．把目光注视在结果上

无论什么时候，只要你把注意力放到工作的难度本身上，而不考虑结果和奖赏，就很容易灰心丧气；如果沉浸于其中太久，就会养成自怜的毛病。因此，下次当你再面对一件不得不做的任务，心中开始企图抄捷径而不按规矩踏踏实实去完成时，切记：要打消自己这样的盘算，把目光转回到目标上。认真权衡按部就班的好处，花工夫彻底做好它。

【案例】

汶川大地震发生的时候，虽然叶校长不在学校，但学生们仍是按着平时学校要求的和他们已练熟了的方式疏散的。全校2200多名学生和上百名老师，从不同的教学楼和不同的教室中，全部冲到操场，以班级为单位站好，仅用时1分36秒。学校所在的安县紧临着受灾最为惨烈的北川，学校外的房子百分之百受损。在桑枣中学，8栋教学楼部分坍塌，全部成为危楼。叶校长的学生——11~15岁的娃娃们，都挨得紧紧地站在操场上，老师们站在最外圈，四周是教学楼。

学生无一伤亡，老师无一伤亡。

【案例】

美国心理学家曾做过这样一个实验，将一群孩子放在同一个房间，并放上糖果，告诉他们只能等他回来了再吃，然后用隐藏的摄像头观察他们。发现有一小部分孩子克服了糖果的诱惑，而大多数都吃下了糖果。以后工作人员跟踪，调查发现，没吃糖果的孩子在成年后在事业上大多很成功，而吃了糖果的那部分孩子都很少有成就，并且失业率很高。可见，自律是一个人成功的基础。

【案例】

东汉时，杨震在赴任途中经过昌邑时，昌邑县令王密来拜访他，并怀金十斤相赠。杨震说："故人知君，君不知故人，何也？"王密没听明白杨震责备之意，说："天黑，无人知晓。"杨震说："天知神知，你知我知，何谓无知？"王密这才明白，大感惭愧，快快而去。

第三课　执行力

【案例】

　　甲和乙在同一家公司里已经工作半年，甲升了两次职，而乙还在原地踏步。乙对此十分不满意，于是找老板投诉。老板耐心听完后对乙说："现在我需要复印一份资料，但复印室的纸都用完了，你先去买些复印纸回来吧。"乙听完后应声就出去了，过一会带了三张复印纸回来。老板一看就说："三张复印纸怎么够？我至少要三摞。"乙觉得很纳闷，但没多说什么，然后出去又买了三摞复印纸回来。老板一看又说："你怎么买了A4的，我要的是B5。"这时已经到了下班的时间，于是乙第二天才带着三摞B5的复印纸回来给老板。老板看见就说："怎么现在才买回来？资料昨天已经复印好啦。"乙终于忍不住了："老板你这是存心刁难我！那我辞职算了，反正我在这里也做得不开心！"

　　老板让乙先冷静下来，然后叫了甲进办公室，要求甲同样买些复印纸回来。甲并没像乙那样马上就出去买，而是问清楚老板需要的复印纸的用途、型号、数量、牌子、价格、限期等问题后才离开，没多久甲就带着三摞B5的复印纸回来，而且品质和价钱比乙的更符合老板的要求。

　　请问：甲和乙的区别在哪里？

一、执行力

　　余世维博士认为，执行力"就是按质按量按时地完成工作任务"的能力。个人执行力的强弱取决于两个要素——个人能力和工作态度，能力是基础，态度是关键。所以，我们要提升个人执行力，一方面是要通过加强学习和实践锻炼来增强自身素质，而更重要的是要端正工作态度。

二、执行力的五个关键词

1．目标

目标是前提，即遵循SMART原则。所谓SMART原则，即：

（1）目标必须是具体的（Specific）；

（2）目标必须是可以衡量的（Measurable）；

（3）目标必须是可以达到的（Attainable）；

（4）目标必须和其他目标具有相关性（Relevant）；

（5）目标必须具有明确的截止期限（Time-based）。

有好的理解力，才会有好的执行力。好的计划是成功的一半。通过沟通，群策群力集思广益可以在执行中分清战略的条条框框，适合的才是最好的。通过自上而下的合力使企业执行更顺畅！

2．协调

协调是手段，好的执行往往需要一个团队至少80%的资源投入；而那些执行效率不高的团队资源投入甚至不到20%。中间的60%就是差距。这些不仅仅只是在书面上显示的。一块石头在平地上只是一个死物，而从悬崖上掉下时，可以爆发强大的能力。这就是集势，把资源协调调动在战略上，从上到下一个方向，能达到事半功倍的效果！

3．细节

细节是保障，执行的好坏要经过细节来实现。从具体而细致的数据可以展示执行的真正效果，工作的细致程度和良好习惯在很多时候决定个人、企业的发展前景。

4．考核

考核是关键，企业的战略应该通过绩效考核来实现。而不仅仅只是从单纯的道德上来约束。从客观上形成一种阳光下进行的奖惩制度，才不会使执行作无用功。

5．决心

决心是基石，狐疑犹豫，终必有悔，顾小忘大，后必有害！专注，坚持这种人生信条同样也适用于管理执行。成功就像一扇门，如果战略这把合适钥匙我们已经找到了，那么现在需要的只是我们把钥匙插进去并朝正确的方向旋转，把门打开。

三、提高执行力的方法

1．自主自发

一个人除了会做业务还是远远不够的，还要有工作意愿（动机），即要自主自发。其实这是一种生活态度，也是一种健康的人生态度。老板不在身边却更加卖力工作的人，将会获得更多奖赏。如果只有在别人注意时才有好的表现，那么你永远无法达到成功的顶峰。最严格的表现标准应该是自己设定的，而不是别人要求的。

2．注重细节

在工作中，不需要也不可能事必躬亲，但一定要明察秋毫，能够在细节当中比他人观察得更细致、周密，只有当自己会做了，并形成一种威慑力，团队的工作才能真正做细。

3．诚信及负责

诚信是立身处世的准则，是人格的体现，是衡量个人品行优劣的道德标准之一。正如孔子所说"言必信，行必果"，即"人无信不立"。只有诚信，一个人才会为了实现自己的许诺而积极努力；一个真正注重诚信的人或组织，在不能履约的时候，必定会慷慨地对自己失信的行为负责，及时采取必要的措施弥补自己的失信造成的损失。

4．分析与应变

机会总是给有准备的人，快速应变能力往往并不表现为一时的灵感，更是一种经验一种解决问题的能力体现。善于分析、快速应变能力是在竞争日益激烈、变化日益迅速的今天有效执行的必要条件。

5．对工作投入

全心全力投入工作的热忱是每个人获得成功的要素。没有对工作的热忱，就无法全身心投入工作，就无法坚持到底，对成功也就少了一份执著；有了对工作的热忱，在执行中就不会斤斤计较得失，把自我的工作投入去影响周围的同仁，让他们与你一起拼。

6．有韧性

"不以物喜，不以己悲"，认准的事，无论遇到多大的困难，仍千方百计完成。因为有很多人会做梦，做梦的价值为零，行动起来才有可能成功。很多人会遇到N次的拒绝，拒绝本身并不可怕，可怕的是不会换位思考，因为拒绝所以你有机会，有韧性的人会越挫越勇，直至成功。

7．有团队精神

团队精神不仅仅是对员工的要求，更应该是对管理者的要求，团队合作对管理者的最终成功起着举足轻重的作用。对经营管理层而言，真正意义上的成功必然是团队的成功。脱离团队，即使得到了个人的成功，往往也是变味的和苦涩的，长此以往对公司是有害的。因此，我们管理者的执行力绝不是个人的勇往直前，孤军深入，而是带领下属共同前进。成功30%靠自己，70%靠别人。人脉就是财脉，每一个管理者都是通过组建一个团队来实现自己伟大梦想的。

8. 求胜的欲望强烈

强烈的求胜欲望是一切行动的源泉，如我们没有欲望，任何事情都不可能坚持和成功。我们要有狼的精神：嗅觉特别的灵敏，哪里有血腥味就会冲过去，因为这个是商机；狼寒天出动，就是市场的状况再险恶，我们也不会畏缩，越难做时你越能做下来就代表你的能力非凡；狼通常都是成群结队，这表示狼发扬了很好的团队精神。

【案例】

国王理查三世和他的对手里奇蒙德伯爵要决一死战了，这场战斗将决定谁统治英国。

战斗进行的当天早上，理查派了一个马夫去备好自己最喜欢的战马。

"快点给它钉掌，"马夫对铁匠说，"国王希望骑着它打头阵。"

"你得等等，"铁匠回答，"我前几天给国王全军的马都钉了掌。现在我得找点儿铁片来。"

"我等不及了。"马夫不耐烦地叫道，"国王的敌人正在推进，我们必须在战场上迎击敌兵，有什么你就用什么吧。"

铁匠埋头干活，从一根铁条上弄下四个马掌，把它们砸平、整形，固定在马蹄上，然后开始钉钉子。钉了三个掌后，他发现没有钉子来钉第四个掌了。

"我需要一两个钉子，"他说，"得需要点儿时间砸出两个。"

"我告诉过你等不及了，"马夫急切地说，"我听见军号了，你能不能凑合？"

"我能把马掌钉上，但是不能像其他几个那么牢实。"

"能不能挂住？"马夫问。

"应该能，"铁匠回答，"但我没把握。"

"好吧，就这样，"马夫叫道，"快点，要不然国王会怪罪到咱们俩头上的。"

两军开始交战了，理查国王冲锋陷阵，鞭策士兵迎战敌人。"冲啊，冲啊！"他喊着，率领部队冲向敌阵。远远地，他看见战场另一头几个自己的士兵退却了。如果别人看见他们这样，也会后退的，所以理查策马扬鞭冲向那个缺口，召唤士兵调头战斗。

他还没走到一半，一只马掌掉了，战马跌翻在地，理查也被掀在地上。

国王还没有再抓住缰绳，惊恐的畜生就跳起来逃走了。理查环顾四周，他的士兵们纷纷转身撤退，敌人的军队包围了上来。

他在空中挥舞宝剑。"马！"他喊道，"一匹马，我的国家倾覆就因为这一匹马。"

他没有马骑了，他的军队已经分崩离析，士兵们自顾不暇。不一会儿，敌军俘获了理查，战斗结束了。

从那时起，人们就说：

少了一个铁钉，丢了一只马掌；

少了一只马掌，丢了一匹战马；

少了一匹战马，败了一场战役；

败了一场战役，失了一个国家。

所有的损失都是因为少了一个马掌钉。

这个著名的传奇故事出自已故的英国国王理查三世逊位的史实，他1485年在波斯战役中被击败。而莎士比亚的名句 "马，马，一马失社稷"，使这一战役永载史册，同时也告诉了我们这样一个道理，虽然只是少了一颗钉子的准备，却带来了巨大的危险。

【案例】

2008年9月15日上午10时，拥有158年历史的美国第四大投资银行——雷曼兄弟公司，向法院申请破产保护，消息转瞬间通过电视、广播和网络传遍地球的各个角落。令人匪夷所思的是，10时10分，德国国家发展银行居然按照外汇掉期协议的交易，通过计算机自动付款系统，向雷曼兄弟公司即将冻结的银行账户转入3亿欧元。毫无疑问，这笔钱将是肉包子打狗有去无回。

转账风波曝光后，德国社会各界大为震惊。财政部长佩尔·施泰因布吕克发誓，一定要查个水落石出，并严厉惩罚相关责任人。一家法律事务所受财政部的委托，进驻银行进行全面调查。

几天后，他们向国会和财政部递交了一份调查报告，调查报告并不复杂深奥，只是一一记载了被询问人员在这10分钟内忙了些什么。这里，看看他们忙了些什么。

首席执行官乌尔里奇·施罗德：我知道今天要按照协议预先的约定转账，至于是否撤销这笔巨额交易，应该让董事会开会讨论决定。

董事长保卢斯：我们还没有得到风险评估报告，无法及时做出正确的决策。

董事会秘书史里芬：我打电话给国际业务部催要风险评估报告，可是那里总是占线。我想，还是过一会儿再打吧。

国际业务部经理克鲁克：星期五晚上准备带全家人去听音乐会，我得提前打电话预订门票。

国际业务部副经理伊梅尔曼：忙于其他事情，没有时间去关心雷曼兄弟公司的消息。

负责处理与雷曼兄弟公司业务的高级经理希特霍芬：我让文员上网浏览新闻，一旦有雷曼兄弟公司的消息就立即报告，现在我要去休息室喝杯咖啡。

文员施特鲁：10时3分，我在网上看到雷曼兄弟公司向法院申请破产保护的新闻，马上跑到希特霍芬的办公室。当时，他不在办公室，我就写了张便条放在办公桌上，他回来后会看到的。

结算部经理德尔布吕克：今天是协议规定的交易日子，我没有接到停止交易的指令，那就按照原计划转账吧。

结算部自动付款系统操作员曼斯坦因：德尔布吕克让我执行转账操作，我什么也没问就做了。

信贷部经理莫德尔：我在走廊里碰到施特鲁克，他告诉我雷曼兄弟破产的消息。但是，我相信希特霍芬和其他职员的专业素养，一定不会犯低级错误，因此也没有必要提醒他们。

公关部经理贝克：雷曼兄弟公司破产是板上钉钉的事。我本想跟乌尔里奇·施罗德谈谈这件事，但上午要会见几个克罗地亚客人，觉得等下午再找他也不迟，反正不差这几个小时。

德国经济评论家哈恩说，在这家银行，上到董事长，下到操作员，没有一个人是愚蠢的，可悲的是，几乎在同一时间，每个人都开了点小差，加在一起，就创造出了"德国最愚蠢的银行"。

这个经典案例告诉我们什么呢？无论从哪个角度，你都应该确认执行中的关键：你认真尽职的态度。

模块四

文化认同

【案例】

镜头一：

在××企业的培训课上，××顾问公司×老师侃侃而谈，所讲内容中有许多涉及被培训企业现存的弊病，讲师面露嘲讽的神情……

镜头二：

对此讲师的大放厥词，只有部分听课者表示出种种不满，部分无动于衷，更有部分听课者表现欣赏，甚至正中下怀，优哉游哉的感觉……这其中也不乏在该企业职位较高的人。

且不说该讲师犯了"大忌"，也不谈部分员工不该表现与"外人"同样的快感，就此情此景而言说明该企业并没有得到员工的认同，更谈不上融入。

实践证明，与组织价值观相符的人方能在组织中获得发展，对职业的认同、对组织价值观的认同决定着一个人的职业成就。本模块旨在培养学生对校园、企业组织文化、社会和国家的归属感、认同感，从而激发学生对社会、学校和国家的热爱之情。

第一课　校园文化认同

校园文化是学校教育的重要组成部分，是学校精神、学校活动、学校秩序和学校环境的集中体现，具有重要的育人功能。加强学校校园文化建设，对于贯彻落实党的教育方针，优化育人环境，促进学生全面发展具有十分重要的意义。作为学生，理解和认同学校的精神文化，按照学校的价值观塑造自我，方能建设平安、健康、文明、和谐校园，促进自己全面发展和健康成长。

一、校园认同相关概念

1. 校园文化

校园文化是以学生为主体，并涵盖院校领导、教职工，以校园为主要空间，以育人为主要导向，以精神文化、环境文化、行为文化和制度文化建设等为主要内容，以校园精神、文明为主要特征的一种群体文化。

校园文化包括校园建筑设计、校园景观、绿化美化这些物化形态的内容，也包括学校的传统、校风、学风、人际关系、集体舆论、心理氛围以及学校的各种规章制度和学校成员在共同活动交往中形成的非明文规范的行为准则。健康的校园文化，可以陶冶学生的情操、启迪学生心智，促进学生的全面发展。

2. 校训

校训是广大师生共同遵守的基本行为准则与道德规范，它既是学校办学理念、治校精神的反映，也是校园文化建设的重要内容，是一所学校教风、学风、校风的集中表现，体现学校文化精神的核心内容。

二、校园文化建设

1．按照建设内容分为物质文化、精神文化、制度文化

校园文化重在建设，它包括物质文化建设、精神文化建设和制度文化建设。这三个方面建设的全面、协调发展，将为学校树立起完整的文化形象。

（1）物质文化。在校园文化建设中，精神文化是目的，物质文化是实现目的的途径和载体，是推进学校文化建设的必要前提；物质文化建设是校园文化建设的重要组成部分和重要支撑。校园物质文化，属于校园文化的硬件，是看得见摸得着的东西。校园物质文化的每一个实体，以及各实体之间结构的关系，无不反映了某种教育价值观。

（2）精神文化。校园精神文化建设是校园文化建设的核心内容，也是校园文化的最高层次。它主要包括校园历史传统和被全体师生员工认同的共同文化观念、价值观念、生活观念等意识形态，是一个学校本质、个性、精神面貌的集中反映。校园精神文化又被称为"学校精神"，并具体体现在校风、教风、学风、班风和学校人际关系上。

（3）制度文化。校园制度文化作为校园文化的内在机制，包括学校的传统、仪式和规章制度，是维系学校正常秩序必不可少的保障机制，是校园文化建设的保障系统。

2．按照呈现形态分为显性文化与隐性文化

（1）显性文化：包括校园的物质环境，如校园场地布置、校园活动仪式等。

① 校园建筑具有德育价值：学生在不会"说话"的校园建筑里学习、活动，不知不觉地接受着道德教育。

② 校园仪式具有德育价值：如升旗、入团（队）宣誓、运动会入场等学校仪式，既是学校教育的一个组成部分，同时也蕴涵着十分丰富的德育价值。

（2）隐性文化：包括校风、班风、人际关系等。

① 对学生影响最大的是校园人际环境。班级是学生精神成长的摇篮。班级中的人际关系，会影响每一位学生的成长。建立友爱、信赖、关心、负责、和谐的校园人际关系，就是最有德育价值的校园隐性文化。

② 丰富校园的精神生活，使每一个人都能找到发挥、表现和确立自己力量和创

造才能的场所。

③ 校园文化建设的一个重要载体是"书香校园"，通过开展读书活动，鼓励学生读好书，在阅读生动感人、充满人性美的道德文选或文学作品中，激发对"真善美"的向往以及对假丑恶的憎恨感。

第二课　企业组织文化认同

文化认同指个体对于所属文化的归属感及内心的承诺从而获得保持与创新自身文化属性的社会心理过程。

文化认同的最基本的载体是个人，无数个人对文化的认同构成了一个群体对于文化的认同。每个人都要从属于一个组织，这个组织或许是我们学习所在的班级集体，或许是工作所在的企业，或许是生活所在家庭、社区等。我们首先要认可我们所在的组织，如同认可我们的家庭和出身一样。这样才能在组织中找到归属感，从而在组织中获得发展和成长。

集体归属感指人有一种归属的需要，渴望将自己归属到某个集体中去，成为这个集体的一员，并为此感到光荣和自豪。

一、组织文化认同的意义

1．一滴水怎样才能不干涸

孤零零的一滴水，论容量只能以毫升计，体积也微乎其微，风能吹干它，阳光也能晒干它，其寿命能有几何……

是的，一滴水的寿命是短暂的。但当它汇入大海，与浩瀚的大海融为一体时，就获得了新的生命。大海永远不会干涸，一滴水就永存于大海之中。雷锋说："一滴水只有放进大海里才能永远不干，一个人只有当他把自己和集体事业融合在一起的时候才能有力量。"可见，团结就有力量。

2．缺乏归属感易患抑郁症

心理学家对归属感问题进行了大量研究，现在认为，缺乏归属感的人会对自己从事的工作缺乏激情，责任感不强；社交圈子狭窄，朋友不多；业余生活单调，缺乏兴趣爱好。每个人都害怕孤独和寂寞，希望自己归属于某一个或多个群体，如有家庭，有工作单位，希望加入某个协会、某个团体，这样可以从中得到温暖，获得帮助和爱，从而消除或减少孤独和寂寞感，获得安全感。在群体内，成员可以与别人保持联系，获得友情与支持；成员间在发生相互作用时，其行为表现是协调的，同一个群体的成员在一致对外时，不会发生矛盾和摩擦，彼此都体会到大家都同属于一个群体，特别是当群体受到攻击或群体取得荣誉的时候，群体成员会表现得更加团结。最近，美国密歇根州的研究人员的一项最新研究显示，缺乏归属感可能会增加一个人患抑郁症的危险。研究人员给31名严重抑郁症患者和379个社区学院的学生寄出问卷，问卷内容主要集中在心理上的归属感、个人的社会关系网和社会活动范围、冲突感、寂寞感等问题上。调查发现，归属感是一个人可能经历抑郁症的最好预测剂。

二、企业组织文化认同的途径

成功的组织，在发展过程中都形成了具有组织自身特色的文化。这种文化通过物化和传承，成为了激励组织不断进步、员工不断进取的巨大精神动力。但是，组织文化所起的巨大作用是建立在组织文化本身的先进性和员工的认同度基础之上的；组织文化不是教条和口号，它必须落实到组织管理的各项工作中，也只有这样，才能得到员工的认同。

1．让员工参与组织文化建设

任何组织都有文化，在经历了多年的风风雨雨后，组织实际上已经有了深厚的文化沉淀，员工已形成了一定的价值取向和行为习惯。因此，在对组织文化进行重建时，就必须注意和已有组织文化的融合、必须关注整个组织的价值观和行为方式、必须得到员工广泛的认同。要得到员工的认同，首先是在组织文化建设的起始阶段，高层管理者就应该创造各种机会让全体员工参与进来，共同探讨、共同建设；接下来的组织文化导入阶段，应摒弃那种假大空的说教，要组织员工结合自己的具体工作进行讨论，要让员工意识到自己的日常工作实际上就是组织文化的一种表现形式。

2．管理高层要身体力行，忠实地严守组织的价值观

组织文化一定程度上反映了组织领导特定的价值观念和领导风格，因此，作为领导者必须担当起组织文化建设推动者这一角色。作为组织文化的建筑师，管理高层承担着组织文化建设最重要也最直接的工作。要塑造组织文化，高层管理者先要把自己塑造成组织文化的楷模，因为，组织的高层领导往往既是文化、制度的塑造者，同时又是理念、制度的破坏者，他们的一言一行都对组织文化的形成起着至关重要的作用。

3．各级管理者必须承担起弘扬组织文化的任务

组织文化建设牵涉面广，不仅需要组织中每个员工的积极参与，更需要以下几个部门发挥主导作用，协同努力。

（1）人力资源部。在招聘人员时要以组织文化作为选人的重要根据，保证新进人员的质量；在提拔干部时也要以组织文化为依据，把那些具备较强能力又与组织文化精神相符的人员放到重要岗位上；在培训时重点突出组织文化精神，使员工真诚地感受到组织文化的存在，转化为员工的自觉行为。

（2）办公室。在统一规划指导下，综合运用CI宣传和内部教育手段，促进员工对组织确立的社会理念、文化观念和价值观的认同，保证员工的个人观念与组织的组织观念相吻合。对自觉以实际行动实践和发扬组织文化并创造出良好的经济效益和社会效益的员工，加大正面宣传力度，保证符合组织文化的人得到更多尊重，增强人才的荣誉感，创造人才成长的良好环境。

（3）党群工作部。除了正常的党务工作，应将其工作重心转移到组织文化建设上来。党务部门应当成为组织文化建设的主力，充分发挥党组织的战斗力和凝聚力。在组织文化建设中，要以组织精神为主线，教育党员在树立组织形象、争当先进文化的代表方面发挥先锋模范作用，发挥党支部在组织文化建设中的战斗堡垒作用和桥梁作用。

4．组织文化必须做实和关注细节

执行是组织文化能够发挥功能的利器，没有执行，再好的文化也只不过是五彩

的肥皂泡；细节可以衡量组织文化建设的成败；关注细节，使组织文化得到认同并渗透到员工的行为中。

（1）关怀员工与严格管理的统一。一方面，在工作中真正做到尊重员工、善待员工，关心员工的生活福利和职业生涯成长，切切实实把员工当作组织发展的最重要的资源，必须随着组织效益的增长，全面提高员工的工作生活质量。另一方面，组织要从管理制度、用人机制及激励措施上，全面提高员工的知识水平、工作技能和敬业精神，对所有岗位的员工都要严格要求严格管理，真正体现制度面前人人平等。

（2）组织文化活动。娱乐性活动，如员工活动基地、观看电影、图书阅览、征文比赛、摄影比赛、书法比赛、周末舞会、文艺演出、员工运动会、各种球类比赛、游泳、滑冰、野外游乐、钓鱼比赛、刊物板报等；福利性活动，如年节慰问、带薪假期、组织年金、生日关怀、心理指导等；技术性活动，在常规的组织生产、经营之外，围绕组织的生产、经营、技术和智力开发等问题，由组织倡导或员工自发组织进行的技术革新、管理咨询、劳动竞赛、教育培训等活动；思想性活动，如开展形势教育、法制教育、理想教育、道德教育、政治学习和其他有关的思想政治工作。还有一些像新书报告会、生活对话会、沙龙等。

5．组织文化必须体现到组织的经营管理制度中去

组织经营管理制度是组织在长期的生产、经营和管理实践中生成和发育起来的一种文化现象。它既是组织为实现其盈利目标，要求其成员共同遵守的办事规程等，又是处理其相互之间生产关系的各种规章制度、组织形式的行为准则、行为规范。任何组织都不可能没有制度管理，但是制度是否真正有用、有效，则取决于制度本身的文化进步程度和是否有很强的可操作性。因此制度越清晰明了、越具体，可操作性也就越强，一个组织的文化理念也就越易于渗透到组织的行为中去。

第三课 社会文化认同

一、社会认同的概念

1．社会认同的定义

简单地说，社会认同是指人们对社会身份的认同。身份是人们很熟悉的概念。当人们成为群体成员或社会类别中的一员（例如，石油工人、导游、小学生、海外华人、城市居民，等等）时，才可能以某种身份进入社会生活，获得社会的归属感和价值感，而由获得群体成员身份而来的归属感和价值感是每一个人自我概念形成与发展的重要组成部分。

认同的词义是"相同"，指同一性、整一性、个别性、独立存在或一种确定的特性组合。社会认同，也被称为社会身份认同，是指一个社会成员意识到了自己是某一个社会群体或社会类属中的一员。

成为群体的成员或类别中的一分子，不仅会具有来自社会制度的安排或与生俱来的特征（例如，具有某一个国家的国籍，属于某一种族，等等），同时，也必然伴随着相应的身份获得的心理过程，即社会认同过程（也被译为"社会身份认同过程"）。这个心理过程即是个体与某一社会身份建立心理联系所经历的历程。它包括以下三个方面：①知觉到自己的群体身份，即自我理解为群体的成员；②伴随有积极的或消极的情感卷入和增强；③理解和共享该身份的社会价值评价意义，其中既有内群体成员与自己形成的共识，也有外群体评价的嵌入。社会心理学家发现，认同社会身份会极大地影响人们的情感、思想和行为。那么，归属于某一个群体或社会类别意味着什么？这种归属会影响人们生活的哪些方面？又是怎样影响人们生活的？

2．社会认同与角色和身份

每一个社会成员都有社会身份。这些身份告诉人们，自己并不是孤身一人，而是身处一个巨大的社会系统中。随着对社会生活的介入程度的不断改变（或加深或淡出），社会身份的种类也会逐渐增加或减少。在不同的情境中，有些身份会因时因地因事件凸显出来，而有些则隐身而去。这些身份，有些并不大具有社会评价的意义，而另一些则由社会的、他人的评价来定位，形成声望和地位系统。

社会学家和社会心理学家提出的角色理论揭示了人们如何按照社会期望的脚本（script）去行为，并且将社会的脚本与自己的脚本相互协调，适应性和创造性地担当角色。身份是与角色相关联的一个概念，在很多场合和语境下，两个概念常常被混用。二者都是个人与社会的联结点。细分的话，"角色"概念更专注于个体如何接受、领会和符合社会的预期，让人们各就其位，各司其职，并且创造性地建构他所扮演的角色，特别具有规范和互动的意义；"身份"概念则专注于在一个社会结构中，在社会形成一定的分层之后，个体被赋予的地位意义，以及社会类别化之后，个体被赋予的尊卑、高低、贵贱、价值大小等认知和评价上的意义。而对身份的认同，则是一个个体的社会心理历程，它更侧重在身份认同的过程中群际互动产生的动力意义。社会认同理论正是将理论的焦点放在人们如何将自我与某个身份类别联系起来，联系起来后会发生什么变化或后果等问题上，因而将重点放在"群体成员身份"上，而非将重点放在社会结构中的地位身份上。

3. 自我认同与社会认同

自我认同与社会认同是两个相互依赖的方面。作为心理过程的自我认同是指一个人在个人发展历程中，经过社会化，将自己的生理特性、社会特性和心理特性与自己本身建立同一关系的过程，而这一过程同时也是一个人与周围社会环境之间建立深层的心理关系的过程。通过社会生活，才可能形成完整、统一的自我概念，从而获得一个人的自尊。自我认同是对"自我"的发现，这一发现把"自我"与许许多多与自己相似的人区别开来。自我认同在这个层面上看，也被称为个人认同。当一个人发现了"我"的唯一性和独特性，也就在一定程度上回答了"我是谁"这一问题。

社会认同则被定义为个体对自己作为群体成员而属于某些特定的社会群体，以及对其伴随而来的情感意义及价值意义的了解。换言之，就是指构成一个人自我概

念中源自于一个人社会群体成员（或群体类别成员）身份的那部分。可见，自我认同不可能脱离社会认同，因为人们关于自我的概念，与对社会角色、社会类别的知觉与认识相互关联。

在自我研究中普遍使用的TST（Twenty Statement Test）自我量表中，人们对自我的描述，往往是从社会角色中开始的，例如，"我是一个律师"，"我是一个贫穷的人"等。TST研究发现，年龄与性别是人们自我概念中最核心、最重要的成分。人们的描述八成以上与年龄有关，七成以上与性别有关。这是由于年龄与性别是先赋的和初级的属性，其边界很容易划分，男性一般对应女性，青年对应老年，并且不易因个人的原因产生变化，很多其他特性会直接或间接与之产生联系，类别的特性相当稳定。一般人们对自我的描述可以分为以下八类（参见表4-1）：

表4-1　自我描述的分类及例句

特征	例句
先赋性特征	"我是一个男人"，"我是一个19岁的女孩"
社会角色特征	"我是一个学生"，"我是一位医生"
兴趣与爱好特征	"我喜欢运动"，"我是一个集邮爱好者"
自我定向特征	"我是一个可以完成博士学业的人"
社会阶层和类别特征	"我来自一个贫困家庭"
自我意识特征	"我是一个好人"
内在信仰特征	"我是一位主张民主的人"
存在性特征	"我是一个与众不同的人"，"我是一个有魅力的人"

社会心理学家发现，一个人会由于与众不同而形成自我概念；与此同时，一个人也会由于与众相同而形成我们概念。后者是指一个人对某一些群体的归属，即社会认同，即回答"我们是谁"这一问题。而回答我们是谁的时候，也把我们之外的人囊括进"他们"的概念中。在个人认同与社会认同之间，人们力求达到平衡：一方面通过区分"我"与"我们"，满足独特性的需要；另一方面通过区分"我们"与"他们"满足归属感的需要。

４．社会认同与人类需要的满足

根据马斯洛的人类基本需求理论，我们可以了解社会认同对满足人类需求的意义。在人类生活中，面对来自自然界和社会环境中的不确定性和风险，人们发展出很多应对方式，例如，利用科技手段、信奉宗教等。其中，了解"我们"是谁，可以明确自己归属的社会类别或群体的行为特征和规范，通过保持与本群体的一致性和融入群体，与群体成员同舟共济，共担风险。同时，了解与"我们"相对应的外群体——"他们"是谁以及"他们"的特征，可以较好地预期他人的行为，从而减少不确定性带来的威胁和风险。社会身份认同，还可以为个体带来对特定群体形成归属感，从而使组织更具有凝聚力，形成社会合作及与外群体的竞争力。通过归属的群体或类别，人们会形成"群体我"和"群体自尊"。例如，由国家认同而生发出爱国主义的情怀，会让人具有民族国家的自豪、伟大、光荣等感受。这些感受也提高了自我的价值感。更为重要的是，人们以各种具体的社会身份进入社会生活，在承担这些身份责任和满足社会期待的同时，也获得了生活的现实感以及生存的价值。各种群体身份具有相应的来自自我和他人的价值评价，这些评价建构了人们的生活意义。例如，对母亲身份的认同，使女性体验到抚养、慈爱、关照子女的感受、责任和自身的生命价值。

社会认同是个体对自己作为群体或类别成员归属于某些特定的社会群体或类别，而经历的情感体验和价值感获得的心里历程。理解社会认同概念的关键，在于将社会心理现象放在群际关系的背景下来思考，而不仅仅是放在人际关系的背景下来思考。例如，母亲对子女的慈爱，不仅是她本人对她的这个孩子的慈爱，并且还会包含作为"母亲"（与非母亲相对应）这一身份对"子女"（与非子女相对应）这一身份的类别间形成的关系。

二、社会认同的条件

如果说人们同时具有自我认同和社会认同的需要，那么什么时候社会身份认同会凸显出来呢？换言之，激活社会身份认同的条件是什么呢？

社会心理学家发现，群体成员或社会类别身份意识容易因下述三种情况被激活：

1．群体名称或标志

群体身份常常有一些象征符号。这些符号的出现，可以诱导、明确和强化群体成员的身份意识。例如，美国密歇根大学以该大学英文第一个字母"M"作为学校的标志，并以衬在深蓝色底色的黄色为颜色。这一标志出现在学校的各个地方，使学校的老师、学生和职员都能常常意识到自己属于该学校的一员。亚洲人的黑头发、黑眼睛、黄皮肤就会使亚洲人意识到自己的种族身份。常见的标志有：激活国民意识的国家名称、语言、国旗、国徽、国家版图、国歌、民族图腾与象征物（如中国的龙）、历史遗迹（如中国的长城）、自然景观（例如中国的长江、黄河）、重大科技创造（如中国的四大发明）、重大事件（例如中国的抗日战争）等；激活团队意识的校服、工作服、特殊的服饰（如少先队的红领巾）、各种厂标、徽章、歌曲；激活职业身份及等级的职业制服（如军服、警服）等。这些象征物可以起到提示个人归属于群体的作用。

2．外群体成员的出现

当个人所归属的群体被标识出来之时，也潜在地形成了一个群体的内外边界。个体归属的群体被称为"内群体"，而与之对应的群体被称为"外群体"。例如，我们称祖国为"我国"或"本国"，而祖国以外的国家为"外国"或"他国"；称自己供职的单位为"本单位"，而其他单位为"外单位"。当外群体的成员出现时，个体内群体身份会被自然激活。例如，教师面对学生群体，就会意识到自己是从事教育工作的职业身份。在讨论会上，如果对某一观点，一些人持赞成意见，而另一些人持反对意见，就会形成一个临时的"意见内群体"。

3．成为少数人，或处于群体冲突当中

麦圭尔（W．McGuire）与他的同事请在校的学生用五分钟时间描述他们自己，并对这些资料进行编码后发现，男孩和女孩如果他们的性别在家里属于少数的话，更倾向提到他们的性别。

此外，在群体之间存在歧视的情况下，个体倾向更加在意自己的那些被歧视的特性。例如，女性更倾向于意识到自己是女性。社会地位高的人倾向于认同自己的个别性，与众不同的方面，而社会地位低的人倾向于认同自己所属的群体。也就是说，有关群体成员或社会类别身份的意识可以直接被作为少数族群、社会地位等信

息激活。

三、社会认同的效应

当人们寻求积极的身份认同时，社会身份认同的心理过程就会带来一些特有的后果或效应。

1．内外区隔与内群体偏私效应

正如泰菲尔和特纳发现的，当人们将自己界定为某些群体成员时，他们也会对该群体做出积极的评价。进而，在与外群体的比较中，积极的社会认同使得本群体成员更加偏好自己所属的群体，更加积极地看待自己所属的群体。研究表明，在大学运动队赢得一场比赛的胜利后，学生们更有可能穿上带有学校标志的服装和用"我们"这个词语去描述比赛的结果。

2．内群体成员典型性效应

当个体经过自我类别化，建立了与群体的心理联系之后，往往以为自己具备内群体成员的典型特征，也认为其他内群体成员也与自己一样，具有典型的内群体成员特征。在很多场合，人们倾向认为自己是内群体的代表。这被称作"自我刻板印象化"。例如，赵志裕等人在一项研究中使用时装和化妆品广告中的男女模特照片启动香港中学生的性别身份认同。在随后请这些中学生作自我介绍时，男生特别强调自己具有刻板的男性特征，而女生则特别强调自己拥有刻板的女性特征。这种自我刻板印象一方面会约束个体做出更加符合群体规范的行为，与群体特征保持一致，减少个人特征的显露，强化社会身份认同；另一方面，也会使原本只有比较薄弱的社会真实性基础的刻板印象，逐渐演化为社会实际状况。换言之，这种效应有可能导致"自我实现的预言"效应的出现。

内群体成员典型性效应也会使一些人对群体内的某些代表寄予特殊的希望，认为大家荣辱与共。例如，对参加各种赛事的代表格外关注，尽心竭力地支持，从而忽略了这些代表的真正代表性。而代表们也会感到心理压力很大，感到自己的参赛成绩关乎众人的脸面，稍有闪失，就会觉得"无颜见江东父老"。

3．外群体同质性效应

几年前，在南京街头曾经发生过一个外国人因身穿印有"给中国人十条告

诚"内容的T恤衫，而引起了周围中国人的极大不满。T恤衫上面印着"不要盯看外国人"、"不要老跟外国人说HELLO、OK"、"不许外国人住便宜旅馆不合理"、"对外国人收费应与中国人同等"、"不要说移民留学或换钱的事"等十句中文。在众人的抗议下，这名外籍男子被送到当地派出所，脱下这件T恤衫，在承认了自己错误后才被群众放走。这件事引起了舆论的普遍关注。有人觉得这是外国人对中国人的侮辱，为了维护中国人尊严，一定要提出抗议。这件事情就是典型的外群体同质性效应。这一效应即是由于社会认同的缘故，使外群体成员"看起来都一样"，一个外国人的行为被看作是所有外国人的行为。例如，中国人动辄提到美国人如何如何，而对中国人自己来说，要想一言概括"中国人"是一件很困难的事情。因为，中国的情况实在是太复杂了，无法用很简单的词句概括。实际上，美国的情况何尝不是同样复杂？反过来也是一样，美国人也是这样，甚至感觉中国人的长相好像都差不多。这就是说，人们对内群体成员的特性更清楚，而相对较少了解外群体成员。当判断态度、价值、人格特质和其他个性特征时，人们倾向于认为外群体成员比内群体成员之间彼此更相似。因此，看到上述外国人的行为，就会感到受到了外国人的侮辱，而义愤填膺。

普林斯顿大学的研究人员让在四个不同"饮食俱乐部"的学生给自己的组员和其他三个组的成员做人格评估，例如"内向—外向"。结果表明，学生们倾向于评价自己的组员比其他组员的人格更加多样化。当内群体和外群体是持久真实的群体（而不是实验室中的），并且当内群体规模较大时，这种效应最强烈。

对内群体的认同，除了会增强内聚力之外，也会产生自我刻板印象和对他人的刻板印象以及一些偏私。这些认知和情感上的倾向，在一定的社会、经济、文化条件下，可能会在污名化的作用下引发歧视与偏见行为，造成不同群体或类别成员的消极对立，从而影响社会群体间和谐的关系。因此，在一些情况下，引导人们"去类别化"、"再类别化"、"类别细化"以及"跨类别化"，是减少群体间冲突的一些办法。

第四课　国家认同

　　爱国，是一个永恒不变的模块。爱国，如同爱你的父母你的家，因为父母是生你养你的人，你们之间一开始就有了血缘关系，而家又是你生长的地方，同时给了你一种归属感。国家与我们每个人息息相关，我们与国家之间也有一种天然的血缘关系，国家也是中华儿女成长的地方，同样也给我们一个归属感。我们要热爱自己的国家，维护我们的家，作为当代中职生，要有强烈的爱国之情和祖国认同感。

一、中职生国家认同感总体情况

　　1．国家认同感普遍较高

　　（1）中职生总体国家认同感较高，尤其体现在对国家民族传统文化以及国家历史发展和当代发展等方面。绝大多数学生对汉语言文字、中华传统节日、中国当代发展历史成就感情甚笃。如：对中国历史成就特别是改革开放后所取得的成就感到无比自豪的有七成，多数的当代中职生对国家传统节日（如端午节、清明节等）认同感较高。对当代中职生影响最为深远和感受最为深刻的事件分别是中华人民共和国的成立和改革开放使中华民族重新走向崛起。近些年来中华民族所取得的重大成就如2008年北京奥运会的举办、2009年国庆60周年大阅兵、2010年上海世博会的举办等，更是让当代中职生激动不已。

　　（2）在地域认同方面，中职生普遍表达出对祖国大好河山的热爱之情。在近些年来比较引人注目的是一些领土争端上，如：中印边界领土划界问题、南海问题以及中日钓鱼岛主权归属问题，大部分中职生表示会不惜一切代价捍卫领土主权完整。

　　2．"国家"观念弱化

　　（1）改革开放以来，中国逐步融入世界和平与发展的历史潮流，"民族"、"国家"等词汇不再是当代中职生日常生活的主题词。但当有不利于中国的国际事件（如美不顾我方反对执意对台军售），重大灾难（如"5.12"汶川大地震、西南

地区持续大旱等）发生时，中华民族凝聚力和认同感最为强烈，远超奥运夺金时。

（2）在个人生活方式上，当代中职生的行为选择呈现个性化、多元化和国际化的特点。

（3）对国家认同感内强外弱。被调查中职生对国家内部认同感颇高，如有87.3%的人认为其他少数民族与汉族一样，各有特色，不分优劣；74%的人表示出了对少数民族同胞风俗习惯的尊重；有82.4%的人表示我国实行民族区域自治政策非常有必要。

二、当代中职生国家认同感的特征

通过以上分析不难看出，当代中职生很少谈论"国家"话题；他们比较关注自我，个性化特征明显；他们甚至喜好外国品牌、文化。但这并不能说当代中职生的国家认同感就弱化了，因为他们在有不利于国家的事件发生时，在维护祖国领土完整问题上，在尊崇民族历史文化传统方面，都表现出强烈的国家认同感。因此，与其说当代中职生国家认同感不强，毋宁说在和平与发展的社会大背景下，尤其是建设社会主义和谐社会的今天，中职生的国家认同感呈现出时代特征——和谐。这一特征主要体现在四个方面：

（1）思想观念多元化。当代中职生思维活跃，思想开放，观念更新。

（2）行为选择多样化。接受职业教育的中职生，在开放的思想观念主导下，其个人行为选择的多样化更为明显。

（3）富有公平正义感。在当代中职生的国家认同感中，也包含着公平正义因素。

（4）理性认知代替了极端民族主义。中国当代的中职生，不仅理性和知识不断增长，而且受中华传统文化影响，深深认同诚信友爱、和谐相处的理念。

三、强化中职生民族认同感的途径

根据我国职业教育的实际情况，可通过以下方法强化当代中职生的民族认同感：

1．思政教育

结合"两课"教学，加强中职生爱国主义教育。"两课"是目前我国学校思想政治教育的主渠道和主阵地，其主要功能是向学生传播理论知识，帮助学生树立科学的世界观和人生观。"两课"课程面向全体职校在校生，不分专业（政治、历史等个别专业有差别），因此是对中职生进行民族观教育的良好载体。根据当前"两课"教学实际，可在课程设置、教学内容、教育形式等方面适当调整，加强中职生爱国主义教育，弘扬中华民族精神。

2．历史教育

拓展历史文化课程，适当增加民族、民俗教育。认同基于了解。要提高中职生民族认同感，首先必须加强民族教育，让中职生充分了解中华民族辉煌灿烂的历史文化。针对不同专业的学生，要有区别地设置相关历史文化课程，尤其是增加有关中华各分支民族及其民俗知识的教学，以此提高中职生的民族认知度，激发中职生对中华民族的热爱之情。

3．实践教育

依托时代背景，开展民族教育实践活动。对中职生的民族观教育，还必须紧紧结合时代背景进行。学校可在专业教育过程中充分结合时事资讯，或通过形势与政策等专门课程（或讲座），向学生传达正确的价值取向，号召中职生在全球化的浪潮中，既要保持民族自尊心，不卑不亢，乐观自信，并团结一致，积极参与国际竞争，应对来自世界其他民族的挑战；又要摒除极端民族主义，以和平、开放的姿态面向世界，促进中华民族与世界其他民族的融合，促进全人类的和谐。还可以帮助中职生广泛开展或积极参与各类民族特色的活动，如旅游寻根、识读家谱、节日庆贺等，让他们在传统文化和生活实践中亲身体验并强化民族认同感。

4．典型事件教育

借助典型社会事件，把握最佳民族认同感教育时机。通过调查发现，凡是有全国性、全民族性大事件发生时，中职生们都能明显感受到强烈的民族自豪感。因此，学校在此类事件发生时，可密切关注中职生的思想动向，及时进行教育与引导。可以通过组织观看电视直播（或有关录影资料）、组织主题讨论等形式，一方面强化中职生国家、民族观念，提高其民族认同感；另一方面还可以积极引导中职生树立正确的民族观，摒弃民族极端主义等不良影响。

【阅读材料】

<h3 style="text-align:center">钓鱼岛是中国的固有领土</h3>

钓鱼岛及其附属岛屿是中国领土不可分割的一部分。无论从历史、地理还是从法理的角度来看，钓鱼岛都是中国的固有领土，中国对其拥有无可争辩的主权。日本在1895年利用甲午战争窃取钓鱼岛是非法无效的。第二次世界大战后，根据《开罗宣言》和《波茨坦公告》等国际法律文件，钓鱼岛回归中国。无论日本对钓鱼岛采取任何单方面举措，都不能改变钓鱼岛属于中国的事实。长期以来，日本在钓鱼岛问题上不时制造事端。2012年9月10日，日本政府宣布"购买"钓鱼岛及附属的南小岛、北小岛，实施所谓"国有化"。这是对中国领土主权的严重侵犯，是对历史事实和国际法理的严重践踏。

中国坚决反对和遏制日本采取任何方式侵犯中国对钓鱼岛的主权。中国在钓鱼岛问题上的立场是明确的、一贯的，维护国家主权和领土完整的意志坚定不移，捍卫世界反法西斯战争胜利成果的决心毫不动摇。

钓鱼岛及其附属岛屿位于中国台湾岛的东北部，是我国台湾的附属岛屿，分布在东经123°20′—124°40′，北纬25°40′—26°00′的海域，由钓鱼岛、黄尾屿、赤尾屿、南小岛、北小岛、南屿、北屿、飞屿等岛礁组成，总面积约5.69平方千米。钓鱼岛位于该海域的最西端，面积约3.91平方千米，是该海域面积最大的岛屿，主峰海拔362米。黄尾屿位于钓鱼岛东北约27千米，面积约0.91平方千米，是该海域的第二大岛，最高海拔117米。赤尾屿位于钓鱼岛东北约110千米，是该海域最东端的岛屿，面积约0.065平方千米，最高海拔75米。

（1）中国最先发现、命名和利用钓鱼岛

中国古代先民在经营海洋和从事海上渔业的实践中，最早发现钓鱼岛并予以命名。在中国古代文献中，钓鱼岛又称钓鱼屿、钓鱼台。目前所见最早记载钓鱼岛、赤尾屿等地名的史籍，是成书于1403年(明永乐元年)的《顺风相送》。这表明，早在十四、十五世纪中国就已经发现并命名了钓鱼岛。

1372年(明洪武五年)，琉球国王向明朝朝贡，明太祖遣使前往琉球。至1866年（清同治五年）近500年间，明清两代朝廷先后24次派遣使臣前往琉球王国册封，钓鱼岛是册封使前往琉球的途经之地，有关钓鱼岛的记载大量出现在中国使臣撰写的报告中。例如，明朝册封使陈侃所著《使琉球录》（1534年）明确记载"过钓鱼屿，过黄毛屿，过赤屿，……见古米山，乃属琉球者"。明朝册封使郭汝霖所著《使琉球录》（1562年）记载，"赤屿者，界琉球地方山也"。清朝册封副使徐葆光所著《中山传信录》（1719年）明确记载，从福建到琉球，经花瓶屿、彭佳屿、钓鱼岛、黄尾屿、赤尾屿，

"取姑米山（琉球西南方界上镇山）、马齿岛，入琉球那霸港"。

1650年，琉球国相向象贤监修的琉球国第一部正史《中山世鉴》记载，古米山（亦称姑米山，今久米岛）是琉球的领土，而赤屿（今赤尾屿）及其以西则非琉球领土。1708年，琉球学者、紫金大夫程顺则所著《指南广义》记载，姑米山为"琉球西南界上之镇山"。

以上史料清楚记载着钓鱼岛、赤尾屿属于中国，久米岛属于琉球，分界线在赤尾屿和久米岛之间的黑水沟（今冲绳海槽）。明朝册封副使谢杰所著《琉球录撮要补遗》（1579年）记载，"去由沧水入黑水，归由黑水入沧水"。明朝册封使夏子阳所著《使琉球录》（1606年）记载，"水离黑入沧，必是中国之界"。清朝册封使汪辑所著《使琉球杂录》（1683年）记载，赤屿之外的"黑水沟"即是"中外之界"。清朝册封副使周煌所著《琉球国志略》（1756年）记载，琉球"海面西距黑水沟，与闽海界"。

钓鱼岛海域是中国的传统渔场，中国渔民世世代代在该海域从事渔业生产活动。钓鱼岛作为航海标志，在历史上被中国东南沿海民众广泛利用。

（2）中国对钓鱼岛实行了长期管辖

早在明朝初期，为防御东南沿海的倭寇，中国就将钓鱼岛列入防区。1561年(明嘉靖四十年)，明朝驻防东南沿海的最高将领胡宗宪主持、郑若曾编纂的《筹海图编》一书，明确将钓鱼岛等岛屿编入"沿海山沙图"，纳入明朝的海防范围内。1605年（明万历三十三年）徐必达等人绘制的《乾坤一统海防全图》及1621年（明天启元年）茅元仪绘制的中国海防图《武备志·海防二·福建沿海山沙图》，也将钓鱼岛等岛屿划入中国海疆之内。

清朝不仅沿袭了明朝的做法，继续将钓鱼岛等岛屿列入中国海防范围内，而且明确将其置于台湾地方政府的行政管辖之下。清代《台海使槎录》、《台湾府志》等官方文献详细记载了对钓鱼岛的管辖情况。1871年（清同治十年）刊印的陈寿祺等编纂的《重纂福建通志》卷八十六将钓鱼岛列入海防冲要，隶属台湾府噶玛兰厅（今台湾省宜兰县）管辖。

（3）中外地图标绘钓鱼岛属于中国

1579年（明万历七年）明朝册封使萧崇业所著《使琉球录》中的"琉球过海图"、1629年（明崇祯二年）茅瑞徵撰写的《皇明象胥录》、1767年(清乾隆三十二年)绘制的《坤舆全图》、1863年（清同治二年）刊行的《皇朝中外一统舆图》等，都将钓鱼岛列入中国版图。

日本最早记载钓鱼岛的文献为1785年林子平所著《三国通览图说》的附图"琉球三省并三十六岛之图"。该图将钓鱼岛列在琉球三十六岛之外，并与中国大陆绘成同色，意指钓鱼岛为中国领土的一部分。

1809年法国地理学家皮耶·拉比等绘《东中国海沿岸各国图》，将钓鱼岛、黄尾屿、赤尾屿绘成与台湾岛相同的颜色。1811年英国出版的《最新中国地图》、1859年美国出版的《柯顿的中国》、1877年英国海军编制的《中国东海沿海自香港至辽东湾海图》等地图，都将钓鱼岛列入中国版图。

资料来源：《钓鱼岛是中国的固有领土》白皮书

【案例】

钱学森的祖国情怀

钱学森同志，1934年毕业于上海交通大学机械工程系，是人类航天科技的重要开创者和主要奠基人之一，是航空领域的世界级权威、空气动力学学科的第三代挚旗人，是工程控制论的创始人，是20世纪应用数学和应用力学领域的领袖人物——堪称20世纪应用科学领域最为杰出的科学家。他在20世纪40年代就已经成为和其恩师冯·卡门并驾齐驱的航空航天领域内最为杰出的代表人物，成为20世纪众多学科领域的科学群星中，极少数的巨星之一；钱学森同志也是为新中国的成长做出无可估量贡献的老一辈科学家团体之中，影响最大、功勋最为卓著的杰出代表人物，是新中国爱国留学归国人员中最具代表性的国家建设者，是新中国历史上伟大的人民科学家，被誉为"中国航天之父"、"中国导弹之父"、"火箭之王"、"中国自动化控制之父"。中国国务院、中央军委授予他"国家杰出贡献科学家"荣誉称号，获中共中央、国务院、中央军委颁发的"两弹一星"功勋奖章。

钱学森1911年12月出生于上海，祖籍浙江省临安县。1923年9月进入北京师范大学附属中学学习，1929年9月考入上海交通大学机械工程系铁道门，1934年6月考取公费留学生，次年9月进入美国麻省理工学院航空系学习，1936年9月转入美国加州理工学院航空系，师从世界著名空气动力学教授冯·卡门，先后获航空工程硕士学位和航空、数学博士学位。1938年7月至1955年8月，钱学森在美国从事空气动力学、固体力学和火箭、导弹等领域研究，并与导师共同完成高速空气动力学问题研究课题和建立"卡门—钱近似"公式，在28岁时就成为世界知名的空气动力学家。

1950年，钱学森争取回归祖国，而当时美国海军次长金布尔声称："钱学森无论走到哪里，都抵得上5个师的兵力，我宁可把他击毙在美国，也不能让他离开。"钱学森由此受到美国政府软禁，失去自由。

1955年10月，经过周恩来总理在与美国外交谈判上的不断努力——甚至不惜释放15名在朝鲜战争中俘获的美军高级将领作为交换，钱学森终于冲破重重阻力回到了祖国。自1958年4月起，他长期担任火箭导弹和航天器研制的技术领导职务，为中国火箭和导弹技术的发展提出了极为重要的实施方案——为中国火箭、导弹和航天事业的发展作出了不可磨灭的巨大贡献。

1956年初，他向中共中央、国务院提出《建立我国国防航空工业的意见书》；同年，国务院、中央军委根据他的建议，成立了导弹、航空科学研究的领导机构——航空工业委员会，并任命他为委员。

1956年参加中国第一次5年科学规划的确定，钱学森与钱伟长、钱三强一起，被周恩来称为中国科技界的"三钱"。钱学森受命组建中国第一个火箭、导弹研究所——国防部第五研究院并担任首任院长。他主持完成了"喷气和火箭技术的建立"规划，参与了近程导弹、中近程导弹和中国第一颗人造地球卫星的研制，直接领导了用中近程导弹运载原子弹"两弹结合"试验，参与制定了中国近程导弹运载原子弹"两弹结合"试验，参与制定了中国第一个星际航空的发展规划，发展建立了工程控制论和系统学等。

从1958年4月起，他长期担任火箭导弹和航天器研制的技术领导，对中国火箭导弹和航天事业的发展作出了重大贡献。钱学森曾是全国政协副主席、中国科学院数理化学部委员、中国宇航学会名誉理事长、中国科技协会主席。

钱学森同志于1959年加入中国共产党，先后担任了中国科学院力学研究所所长、第七机械工业部副部长，国防科工委副主任、中国科技协会名誉主席、中国人民政治协商会议第六、七、八届全国委员会副主席，中国科学院数理化学部委员，中国宇航学会名誉理事长，中国人民解放军总装备部科技委高级顾问等重要职务；他还兼任中国自动化学会第一、二届理事长；1991年10月，国务院、中央军委授予钱学森"国家杰出贡献科学家"荣誉称号和一级英雄模范奖章。在钱学森心里，"国为重，家为轻，科学最重，名利最轻。五年归国路，十年两弹成。"

模块五

公民素养

近年来，公民道德和价值观越来越受到国家和社会的关注。职业教育作为培养专业技能人才的职业教育，更应关注学生的公民教育。学生在校是一名学生，但走向社会是一位公民，应该具备公民基本道德和规范。也只有成为一名合格的公民，具有良好的社会道德和责任意识，才能对产品负责，生产出优质的产品。

第一课 社会公德

中国幸福学认为，公德是人们为了群体的利益而约定俗成的应该做什么和不应该做什么的行为规范。

一、公共生活及其特点

1．私人生活与公共生活

私人生活以家庭内部活动和个人活动为主要领域，具有一定的封闭性和隐秘性。

公共生活超越了私人生活的局限，具有鲜明的开放性和透明性，对他人和社会的影响更为直接和广泛。

人类公共生活是逐步形成和发展起来的。它经历了原始社会（公共生活开始萌芽）——农业社会（公共生活较大发展）——工业社会(公共生活得到极大的扩展)以及当代社会生活扩展的促进要素不同阶段。

2．当代社会公共生活的特征

（1）活动范围的广泛性：从传统的公交车、影剧院、图书馆、公园、集体宿舍等到新兴的证券交易所、人才市场、网络的虚拟世界等。

（2）交往对象的复杂性：以往"熟人社会"到"陌生人社会"，与陌生人打交道。

（3）活动方式的多样性：商场购物、歌厅娱乐、广场漫步、公园休闲、图书馆学习、体育馆健身、互联网冲浪等。

二、公共生活需要公共秩序

秩序之于社会，就像规矩之于方圆；无规矩不成方圆，没有秩序社会便无法正常运行。列宁曾经说过，即使在阶级对抗的社会里，也存在着"多少世纪以来人们就知道的、千百年来在一切行为守则上反复谈到的、起码的公共生活规则。"

1．秩序

秩序是有条理地、有组织地安排构成部分以求达到正常的运转或良好的外观状态，是由社会生活中的规范来制约和保障的。

2．公共秩序

（1）公共秩序的含义：公共秩序是由一定规则维系的人们公共生活的一种有序化状态。

（2）公共秩序的内容：主要包括工作秩序、教学秩序、营业秩序、交通秩序、娱乐秩序、网络秩序等。

3．维护公共秩序对经济社会健康发展的重要性

（1）有序的公共生活是构建和谐社会的重要条件；

（2）有序的公共生活是经济社会健康发展的必要前提；

（3）有序的公共生活是提高社会成员生活质量的基本保证；

（4）有序的公共生活是国家现代化和文明程度的重要标志。

三、维护公共秩序的基本手段

维护公共秩序的手段主要有风俗、礼仪、纪律、道德、法律等，但最基本的手段有两种，即道德与法律。

1．道德与法律的共同目标

通过规范人们的行为来维护公共生活中的秩序，实现社会稳定和经济发展。

2．道德与法律作用的区别

法律的作用有：指引作用、预测作用、评价作用、强制作用和教育作用。道德发挥作用的领域更广泛，它能调整许多法律效力所不及的问题，如社会生活的多个方面和人们的精神世界。但道德的实践规约作用是弱势和有限的，它作用的方式主

要靠社会舆论的褒贬和劝说，依赖良心的自我把持和自由意志的高度自觉，它不像法律有社会强力机构的支撑，有明细精确的条文，有具体而现实的处罚措施。对于心地善良者，道德会起到巨大的鼓舞与鞭策作用，但对于顽劣不化者，除了言论上的谴责外，还要运用法律来惩罚，因此说：“道德是人类精神的自律”，法律则以“他律”的形式体现了道德的基本精神。如果说道德是法治的道义基础和精神保证，法律则是道德得以实施的制度保障。

3．道德与法律的互补性

公共生活中的道德和法律所追求的目标是一致的，都是通过规范人们的行为来维护公共生活中的秩序，实现社会稳定和经济发展。法律是权力规范，是应该且必须如何的行为规范，且是有组织的强制；道德则是非权力规范，是应该而非必须如何的行为规范，且是无组织的强制。道德所规范的是每个人的全部具有社会效用的行为；而法律所规范的仅仅是其中的一部分，即那些具有重大社会效用的行为。如“不应该杀人”、“应该给老弱病残让座”。狄骥说：“一种道德规则或经济规则是在组成一定社会集团的个人一致或几乎一致地具有这样感觉，认为如果不使用社会的强力来保障这种规则，则社会连带关系就会受到严重危害时才成为法律规则。”

法律和道德都是一种强制性规范。强制，有肉体强制，如各种刑罚；也有行政强制，如各种处分；还有舆论强制。虽然道德和法律发挥作用的方式有所不同，但二者互为补充、相辅相成。道德规范作用的更好发挥，需要法律支撑；而法律作用的更好实现，则需要以道德建设为重要条件。良好社会秩序的形成、巩固和发展，要靠道德，也要靠法律。在公共生活中，道德可以用来调节、规范人们的行为，预防犯罪的产生。道德是法律的补充。进入阶级社会以后，法律和道德逐渐成为建立和维护社会秩序的两种力量。法律中包含有道德，道德规范中也具有法律的内容。

四、社会公德概述

1．公德

它是一个国家，一个民族或者一个群体，在历史长河中，在社会实践活动中积淀下来的公共道德准则、文化观念和思想传统。

2．公德意识

它是规范人与人之间在社会公共生活领域交往行为的规则意识。

3．公德心

它是指恪守公共道德、维护公共道德的行为规范或心理。

4．社会公德

它是指人们在社会交往和公共生活中应该遵守的行为准则，是维护社会成员之间最基本的社会关系秩序、保证社会和谐稳定的最起码的道德要求。

社会公德有广义和狭义的理解。广义的社会公德是指：反映阶级、民族或社会共同利益的道德。它包括一定社会、一定国家特别提倡和实行的道德要求，甚至还以法律规定的形式，使之得以重视和推行。狭义的社会公德是特指人类在长期社会生活实践中逐渐积累起来的、为社会公共生活所必需的、最简单、最起码的公共生活准则。它一般指影响着公共生活的公共秩序、文明礼貌、清洁卫生以及其他影响社会生活的行为规范。社会公德是人类社会生活最基本、最广泛、最一般关系的反映。在阶级社会中，尽管存在各种不同阶级的划分，存在着各种不同的分工，但处于同一时代的同一社会环境里的全体社会成员，为了彼此的交往，为了维持社会的起码生活秩序，都必须遵守这个时代和这个社会所必需的起码的简单生活规则。

五、我国现代社会公德的主要内容

1．文明礼貌，提倡人们互相尊重

人类社会不断进步的一个重要标志，是越来越摆脱原始野蛮的状态，人和社会的文明水平的日益提高。在这个意义上，我们可以说人类社会进步的基本趋势，是由野蛮向文明的过渡，由野蛮人变为越来越文明的人。所以，人类行为文明的基本规范，就成为现代社会公德的一项首要内容。

作为社会公德的基本要求——人们的行为文明状况，集中反映的是社会成员的文明教养程度，而礼貌则是这种文明程度在人际交往中的外在表现形式。作为社会公德的一个基本规范，文明礼貌是在人际交往中的一种道德信息，它说明了一个人对别人的尊严和人格的尊重。

在人际交往中注意自己的个人形象，比如要做到衣冠整洁，举止文雅，这是对别人的一种尊重。在社会的公共场合，在与人交往的过程中，处处注意讲究礼节，这也是一个人文明程度的反映。任何人在与人交往的过程中，一般都要通过语言与对方交流思想和感情，因为语言是思想的直接体现。随着现代社会的发展，人们的生活节奏在不断加快，对工作效率也不断提出更高的要求。与此相联系的是，在公共场合，在集体性的活动中，每个人都应当自觉地遵守群众活动（如集会等）的秩序或规定，并且相互礼让，这对于保证集体生活的正常进行，维护大多数人的共同利益，是一个重要条件。

2．助人为乐，发扬社会主义人道主义精神

反映社会主义社会关系的本质特征，作为社会公德的社会主义人道主义道德要求，其基本内容可以概括为：尊重人、关心人、爱护人，特别注意的是要尽一切努力保护儿童，尊重妇女，尊敬和关怀老年人，尊重和爱护人才，关心帮助鳏寡孤独和残疾人，设身处地，多为他人着想，热心社会公益事业，大力帮助那些陷入困难之中的人们，在全社会以至全世界的范围积极维护正义的事业。具体来说，发扬社会主义人道主义精神，主要应当做到如下几个方面：

（1）社会主义人道主义要求对每个社会成员的基本权利和人格，给予充分的尊重和维护。

（2）社会和国家对每个社会成员要切实关心和爱护，每个社会成员之间要互相关心和互相爱护，这是社会主义人道主义又一个显著的道德要求。

（3）社会主义人道主义要求社会团体和每个社会成员，对那些遭到不幸和困难的人们，在道义上和物质上给予同情、支持和提供切实的帮助。

（4）社会主义人道主义要求社会和每个社会成员都要尊重知识、尊重人才，为每个社会成员的全面发展创造越来越好的社会环境。

（5）在现代法治社会中，人的文明水平越来越提高的一个重要表现，就是对那些正在接受改造的犯罪分子、已经放下武器的敌对分子，必须给予他们以人道的待遇，不准侮辱他们的人格，给他们悔过自新、重新做人的机会和出路；对被改造中的犯人进行刑讯逼供及采取其他残忍做法，都是社会主义人道主义所坚决反对的。

3．爱护公物，增强社会主义社会主人翁的责任感

在社会主义社会中，国家和社会的公共财物、集体的财产，是全体社会成员进

行社会性活动、实现共同利益的物质保证，也是满足劳动者个人利益和人们的当前利益的共同物质条件。所以，以社会主人翁的责任感，维护和珍惜国家、集体的财产，爱护公物，是社会公德的基本要求。对社会共同劳动成果的珍惜和爱护，是每个公民应该承担的社会责任和义务，它明显地体现了社会主义集体主义精神，既显示出个人的道德修养水平，也是整个社会文明水平的重要标志。

随着社会现代化程度的日益提高，社会的公用设施，如公路、铁路、水电线路、通信设备、卫生消防设施等，能否受到妥善保护，使之发挥作用，都关系到人民群众的切身利益。可想而知，这些公共设施中的任何一项遭到破坏，都会使人民群众的利益受到损害，从而严重影响整个社会的稳定。所以，每个有责任心的公民，或者说有良心的人，是绝不应当有意去破坏这些公共设施的，相反地，应当像珍惜与爱护自己的东西一样，去精心保护这些公物。但是，在现实生活中我们会常常发现，有些人出于各种不同的动机，有意或无意地给公共设施造成了破坏，即使是无意的损坏行为，也是对人民的极大不负责任。从道德的角度来说，是缺社会公德的这个"德"的。同样道理，能不能爱护这些公用设施，也是对人民群众的感情问题。在这里还应当指出的是，有些人是为了自己的私利，满足自己的个人欲望，而损坏公物，化公为私的，这是很可耻的行为，除了要受到法律制裁之外，还应当受到社会舆论的谴责。

4．保护环境，强化生态伦理观念

人们遵循环境道德规范的实质，要求我们在正确处理人类自身的发展与自然环境的发展之间关系问题上要有科学的态度。这方面的一个首要问题，是应当确立起对自然环境的正确价值观念。这里所说的价值观念，不仅仅是指物质方面的，尤其是指精神方面的价值。人类社会的生活经验已经告诉我们，良好的自然生态环境，对于使人们的精神生活日益丰富、健康，培养人们高尚的道德情操，有着十分重要的价值。正是基于对自然生态环境的特殊精神价值的认识，爱护自然生态环境，把维护自然生态平衡作为自己的道德责任，已成为现代社会环境道德的一个基本要求。

环境道德的一项重要内容就是，人们应当热爱大自然。热爱大自然，实质上也是对人类本身的热爱，是对生活的热爱，是对生命价值的重视。自觉遵守这样的社会公德，从根本上说，是对大多数人的利益的维护，是对人类的生存利益的关心，也是对子孙后代利益的关心。有了这样高尚的道德情操和品质，就有助于我们自觉克服对自然界生物的自由主义和无政府主义错误态度，自觉遵守环境保护的共同行为准则。当然，我们应当把这些道德要求体现在具体的实际行动上，比如要千方百计节约自然资源，爱护花草树木，绝不伤害国家规定要加以保护的野生动物，注意维护人文景观；按规定防治废渣、废水、废气和噪音污染；自觉维护公共卫生，不随地吐痰，不乱扔垃圾，等等。只要我们齐心协力，就能营造出一个美好的自然生态环境。

5. 遵纪守法，自觉维护公共秩序

现代社会是法治社会，每个公民都必须具有很强的法制意识，有必备的法律知识，自觉维护法律的权威，认真执行各项法令、法规和各项规章制度。事实证明，在正常的情况下，自觉遵守和服从法律，有明确的法制观念，这是现代社会文明教养即社会公德的基本要求，换句话说，在现代文明社会中，每个社会成员，如果没有基本的法律知识，不遵守法律，不懂得维护宪法的尊严，那就不能说是一个文明的人，一个有道德的人。为什么这样说呢？这是由法律与道德之间的关系决定的。

法律与道德的紧密结合、相互作用，在社会主义社会中表现得尤其明显。在当前的我国社会中，社会主义法律与社会主义道德，在根本上是一致的。一般来说，违背法律的行为同时也是违背道德的行为，在有的情况下，违背道德的行为也是一种犯罪行为。而且，这种情况总是反映在全社会的范围内，所以，自觉地遵守宪法和法律，实质上也是在自觉地遵守社会公德。培养公民的法制意识，使越来越多的人自觉地遵守法律法规，自觉地维护法律的尊严，这也是提高人们社会公德水平的一个重要途径。

自觉地遵守法律法规，维护社会秩序，对于每个公民来说，还有一个特别要求，即在社会公共秩序受到破坏、国家安全受到威胁的时候，应该见义勇为，挺身而出，坚决地与之进行斗争。这个道德要求，在当前的社会情况下，是有特殊重要现实意义的。因此，有些地区，对见义勇为的人给予奖赏，并且用法律的形式把它规定下来了。这不仅说明我国人民法制意识的增强，而且也反映了我国人民社会文明程度的提高。

六、社会公德的特点

1．基础性

社会公德是社会道德体系的基础层次，在每一个社会都被看作是最起码的道德准则，是为维护社会公共生活的正常进行而提出的最基本的道德要求。遵守社会公德，是对社会生活中每个人的最低层次的道德要求，在此基础之上还有许多更高的道德标准和道德要求。社会公德水平的高低又昭示着一个社会道德风气好坏的程度。

2．全民性

社会公德是社会全体成员都必须遵守的道德规范，具有最广泛的群众性和适用范围。在同一社会中，任何社会成员不管属于哪个阶级或从事何种职业，对于社会公共生活的简单规则，都必须遵守，否则就要受到社会舆论谴责。国家、社会团体、机关单位有时甚至可以以国家权力或行政权力、经济权力予以干预。

3．相对稳定性

社会公德作为"多少世纪以来人们就知道的、千百年来在一切行为守则上反复谈到的、起码的公共生活规则"，是人类世世代代调整公共生活中最一般关系的经验的结晶。这种最一般的关系，在不同时代、不同社会形态里都存在着，因而，调整这种关系的社会公德在历史上比起其他各种道德分支来，具有更多的稳定性。而且社会公德总是随着社会物质文明和精神文明的发展，保存和发扬其进步的、合理的方面，剔除其落后的、不合理的部分。

4．简明性

社会公德大多是生活经验的积累和风俗习惯的提炼，往往不需要做更多的说明就能被人们理解。

【案例】

公德——冯骥才

在汉堡定居的一个中国人，对我讲了他的一次亲身感受。

他刚到汉堡时，跟几个德国青年驾车到郊外游玩。他在车里吃香蕉，看车窗外没人，就顺手把香蕉皮扔了出去。驾车的德国青年马上"吱"地来了个急刹车，下去拾起香蕉皮塞到一个废纸兜里，放进车中。对他说："这样别人会滑倒的。"

在欧美的快餐店里，有个不成文的规定，吃完东西要把用过的纸盘纸杯扔进店内设置的大塑料箱内，以保持环境的整洁。为了使别人舒适，不妨碍别人，这叫公德。

在美国碰到过两件小事，我记得非常深。

一次是在华盛顿艺术博物馆前的开阔地上，一个身穿大衣的男人猫腰在地上拾废纸。当风吹起一块废纸时，他就像蝴蝶一样跟着跑，抓住后放在垃圾桶内，直到把地上的乱纸拾净，拍拍手上的土，走了。这人是谁，不知道。

另一次在芝加哥的音乐厅。休息室的一角是可以抽烟的，摆着几个面盆大小的落地式烟灰缸，里面全是银白色的细砂，为了不叫里边的烟灰显出来难看。大烟缸里没有一个烟蒂。柔和的银糖很柔美。我用手一拂，几个烟蒂被勾起来。原来人们都把烟蒂埋在下面，为了怕看上去杂乱。值得深思的是，没有一个人不这样做。

有人说，美国人的文化很浅，但文化很好。我十分赞同这见解。教育好，可以使文化浅的国家的人很文明；教育不好，却能使文化古老国家的人文明程度很低，素质很差。教育中的"德"，一个重要成分是公德。公德的根本是重视他人的存在。

美好的环境培养人们的公德，比如说清洁的新加坡，有随地吐痰恶习的人也不会张口把一口痰唾在光洁如洗的地面上。相反，混乱肮脏的环境败坏人们的公德，比如纽约地铁的墙壁和车厢内外到处胡涂乱抹，污秽不堪，人们的烟头乱纸也就随手抛了。

好的招致好的，坏的传染坏的，善的感染善的，恶的刺激恶的，世上万事皆同此理。

【案例】

公交地铁"勿忘公德"

济南117路双层公交车司机李娜行车途中突闻车上有股臭味，以为车上天然气泄漏，遂停车检查，未见异常。行不多久，又闻臭味，为安全起见，她及时疏散了车上乘客，最后发现是后门楼梯下有位戴耳机女孩正在吃榴莲，臭味正是榴莲发出来的，闹出一场虚惊。（据《齐鲁晚报》）

在公交地铁上吃零食，似是小节，许多人不在意，倘若无异味，旁人也任其随意，但像榴莲这样好者嗜之若命，恶者却避之不及的东西，则另当别论了。将榴莲味误认为天然气泄漏，固是虚惊，但司机的严谨负责仍应称赞，只是，因一人享口福，却累及众多无辜乘客担惊受怕，就不应该啦。

更可怕的是，倘若人们皆不注重此类小节，车厢里常常异味扑鼻，不但乘客受扰空气污染，而且，一旦真发生天然气泄漏，却不能及时察觉，那就危险了。公众场所，一己之好一人之福不应成他人之祸之害，应是公德。

【案例】

公交地铁十大烦

日前一个女人贴着面膜端坐在地铁座位上的照片在网上热传，其惊悚的造型引起了颇多反感。一场有关公共交通工具上什么行为最扰人最烦人的讨论在网上展开，得出"十大烦"项目：①旁若无人剪指甲；②开大音量听音乐；③身贴扶手杆秀钢管舞；④车厢内大声打电话；⑤大庭广众之下化妆；⑥挤在地铁车厢门口；⑦让小孩用塑料袋小便；⑧一人占用多个座位；⑨在车厢里吃东西；⑩坐公交用膝盖顶前座。

国内网友也列举上海公共交通十大烦：①针对乘客挨个乞讨；②车内随意散发小广告卡片；③夏季闻到臭味；④穿着暴露；⑤行为艺术玩过火；⑥兴致盎然地大声讲电话聊家常；⑦一群认识的人在那里呼朋唤友大聊特聊；⑧地铁上用整个身体挨着钢管；⑨地铁车厢里吃东西；⑩空调太冷。

【案例】

老外自发在长城捡垃圾11年

"除了照片什么都不要带走；除了脚印什么都不要留下……"在抚宁县驻操营镇的板厂峪、董家口、城子峪等地的长城边上，游客常能看到写有这样话语的宣传牌。这宣传牌的创意和设置者竟然是一位外国朋友。多年来，英国人威廉·林赛和他的"国际长城之友"协会志愿者经常活跃在长城沿线，他们的目的不是旅游，而是捡拾垃圾，保护长城的环境。威廉告诉记者，长城是全世界人民的财富，他对长城的爱终其一生也不会停止。他希望能有更多的人加入到关心保护长城的事业中来。

在感叹老外执著的同时，我们需扪心自问：老外捡垃圾，国人该捡什么？最该捡起来的应是最基本的环保意识！

第二课　校园公德

校园是学校师生学习、工作和生活的公共场所。我们每一个人在学校里学习和生活，校园公德与我们息息相关，是我们每一个人公共意识、个人修养的真实体现，这其中的重要意义自然不言而喻。所以，为了进一步美化、绿化、净化校园，保持校园的良好秩序，全校师生必须讲究公德，拥有一颗公德心。

文明是指人类创造的财富的总和，特指精神财富，如文学、艺术、教育、科学等，也指社会发展到较高阶段表现出来的状态。文明涵盖了人与人、人与社会、人与自然之间的关系。它的主要作用，一是追求个人道德完善；二是维护公众利益、公共秩序。

礼仪、礼节、礼貌内容丰富多样，但它有自身的规律性，其基本的礼仪原则：一是敬人的原则；二是自律的原则，就是在与他人交往过程中要克己、慎重、积极主动、自觉自愿、礼貌待人、表里如一、自我对照、自我反省、自我要求、自我检点、自我约束，不能妄自尊大、口是心非；三是适度的原则，适度得体，掌握分寸；四是真诚的原则，诚心诚意，以诚待人，不逢场作戏，言行不一。

一、校园公德与个人行为

社会公德就在我们每个人的身边，我们的一举一动都与之相关。除了公共秩序、公共卫生涉及社会公德外，个人卫生习惯，仪容仪表和言谈举止也与社会公德密切相关。我们每个人都要从小事做起，从自我做起，养成良好高尚的道德品质，为创造文明健康校园和安定和谐的社会环境尽自己的责任。

学生要注意的个人行为：

1. 言语表达的要诀
① 多激励，少嘲讽。
② 多赞美，少责怪。
③ 批评要具建设性，避免无的放矢。
④ 用字遣词要高雅。
⑤ 说话时不要带着过多的口头禅。
⑥ 态度要诚实。
⑦ 多用礼貌用语。
⑧ 评价要对事不对人。

2. 头发
① 头发是每个人的制高点，比较容易引起别人注意。
② 头发会使人产生不同的印象。

③ 对头发的基本要求是干净整洁。

④ 不染浅色、多色、条纹等怪异头发。

⑤ 头发的长短要适当。

3．面部

① 面部是最易被人注意的部位。

② 对面部的最基本要求是清洁。

③ 男士们不应让自己胡子拉碴。

④ 女士面部化妆不宜过分浓艳。

4．服饰

① 服饰是社会生活中自我定位的手段。

② 服饰反映出一个人的职业、年龄、地位。

③ 服饰反映着一个人的修养、性格、情绪。

二、当代学生公德素质的现状分析

1．"公德认知"与"公德行为"分裂

在学校"学生公德行为的自我评价"的调查结果中显示，学生在勤俭节约、爱护公物、诚实守信、团结友善、遵纪守法五方面的公德认知是好的，但表现在公德行为方面却不那么尽如人意。

2．"公德小事论"使得社会公德备受忽略

在调查中，许多同学认为体现在举手投足之间的公德是小事，不足以长篇大论，更不用造大声势。的确，"公德"是"小事"，然而公德是 "小处见大"的小事，是"一屋不扫，何以扫天下"的小事。量变和质变的原理告诉我们，"千里之堤，溃于蚁穴"，所以"勿以恶小而为之，勿以善小而不为"，因为善与恶的区分不是以其大小，而是以其性质，善不会因其小而成为恶，恶也不因其小而成为善。如今学生犯罪率的不断攀升与学生公德意识的弱化不无关系。所以，公德不是小事，如果每个学生都不把社会公德看作小事，都把"不偷盗、不贪图、不攀比、不撒谎"、"诚实守信、勤俭节约、爱护公物、团结友善、遵纪守法"作为自己最高的行为准则，我想学生就不会如此频繁地触犯法律了。

3．当代学生公德行为失范的原因

学生公德行为失范产生的原因较为复杂，有社会的、时代的，还有教育本身等诸多因素的影响。

（1）社会的影响

社会公德是社会公共生活中最基本的道德要求，但是在社会公德方面的管理制度不完善或规则不合理、公共生活设施不完备等都会造成公德行为的行为不利或不行为。再加上社会竞争压力的增大，容易造成大家比较自我的个性，常常是"各人自扫门前雪，莫管他人瓦上霜"。

（2）网络的影响

如今的学生一出生就面临着一个改革开放的时代，物质生活条件富足。"90后"学生又生逢IT技术迅猛发展时期，一出生便有电视、手机、互联网，他们接触的信息应有尽有，无所不包，其中更多地受到多媒体技术和互联网文化的影响。他们对于网络的需要和迷恋也达到了几乎"无人不网"的程度。但网络是一把双刃剑，网络的虚拟性和匿名性使得学生淡化了公德意识。对网络的迷恋使得某些中职生践踏社会公德。据一些校图书馆、资料室的管理员反映，学校图书馆的各类被偷撕的图书和杂志中，涉及网络游戏内容的量最多。这一方面说明了学生公德自律素质的低下，另一方面也说明网络对当代学生公德行为的强大影响。

【案例】

公德调查

调查一：公德就是食堂打饭不加塞儿

表达：中职校园是一个小社会，同样有很多公德要我们遵守。我最讨厌的不讲公德的现象是在食堂打饭时不排队，尤其以男生更为"猖獗"。还有的同学来晚了，就让排在前面的同班同学给带一份儿，实际上这也是一种加塞儿的行为。更有甚者有时候一个人排队要带买10多个人的饭，等得人心里实在起急，要想扭转这个现象，每个学生均应该从自我做起。

调查二：公德就是骑自行车也得注意速度

表达：无论在校园还是在马路上，小王骑车时都非常小心，尽量不快骑。因为小王曾经就被一个骑车莽撞的男同学撞倒了，现在小王看到骑车很快的人都会早早离开他们的视线。校园的主要代步工具就是自行车，限于校园的道路条件，即使是非机动车，疯狂飙车的行为也存在极大的安全隐患。

调查三：公德就是读书也得分场合

表达：校园里的路灯下、大树旁经常能碰到大声朗读的同学。但是这种学习方式也得注意环境和场合。许多同学习惯于大声朗读来加深自己的记忆，但如果是在自习室、图书馆或宿舍这样"刻苦"显然就不合适了。某同学说，在该安静的场合，能默念就默念，实在不行一定要小声再小声，不妨碍别人才是社会公德。

调查四：公德就是多关心身边的弱者

表达：在某校附近的一所医院，记者见到一个学生模样的女孩儿在看到一位行动缓慢的大妈准备乘电梯时，就搀扶她上了电梯并送她到了要去的科室楼层。记者询问时，她不好意思地说："看到这些老年人，我总会想起自己的家人，他们更需要关心和照顾。"该同学觉得作为学生，就应该尽量多帮助别人，像这样帮助老人是年轻人最应该有的社会公德。

调查五：公德就是上课别开手机

表达：现在的中职生，没手机的越来越少见。"上课不关手机的现象也越来越普遍，有的同学低头藏在桌子底下接手机，上课发短信的就更是多了去了。"虽然老师也一再强调上课关掉手机，但总有些人的记性不大好，或者明知故犯短信不断。"我遇到好几次了，大家正安静地听着老师讲课，突然一个新奇搞笑的手机铃声响起，惹得大家哄堂大笑。老师、同学的思路都被打断了，往往也找不出是谁的手机响，真是没办法。"

调查六：公德就是别往课桌抽斗里扔垃圾

表达：说起中职生的公德问题，刘同学说了很多，但最让她感到忍受不了的就是课桌里的卫生问题。"有的同学吃了早点也不收，鸡蛋壳什么的乱扔。而且有人总是喜欢把零食包装之类的垃圾塞在抽斗里，还有些吃剩的面包什么的，放到抽斗里。有时候保洁人员看不见，那些东西都发霉发臭了，实在让人恶心。"除此之外，不爱护课桌的现象还有很多，几乎每个桌子上都有同学在上面乱写乱画，尤其是一些污言秽语让人看了很不舒服。

调查七：公德就是别在宿舍楼道里大声喧哗

表达："女生宿舍我不知道，男生宿舍晚上大声喧哗的现象太普遍了。"齐辉同学说，"我们宿舍里就有两个'楼道歌星'，赶上我们楼道里回声好，这两位老兄一进楼道就开始引吭高歌，直到进了宿舍歌声也就听不到了。有时候你正睡觉，他鬼哭狼嚎地过去，真恨不能出去让他闭嘴。不过这两位'歌星'今年就要毕业了，我们再忍上半年就可以清净些了。我们宿舍的同学开玩笑，如果还敢有接班的……嘿嘿。"

第三课　公民意识

公民是指具有一国国籍，并根据该国法律规定享有权利和承担义务的人。

公民意识是指公民个人对自己在国家中地位的自我认识，也就是公民自觉地以宪法和法律规定的基本权利和义务为核心内容，以自己在国家政治生活和社会生活中的主体地位为思想来源，把国家主人的责任感、使命感和权利义务观融为一体的自我认识。它围绕公民的权利与义务关系反映公民对待个人与国家、个人与社会、个人与他人之间的道德观念、价值取向、行为规范等。

一、公民意识的体现

公民意识体现了社会成员对自己基本社会身份的认同，也是公民支配自己社会行为的基本价值观念，广泛表现在社会成员参与政治、经济、法律、道义等社会生活的各个方面。公民意识的内容是基于公民的身份意识而构建的，它也可以基于核心意识。

1. 参与意识

公民的参与意识，主要是指公民作为政治共同体的成员，具有积极参与（包括直接参与和间接参与）公权力运行的主人意识，实质上也是一种践行权利的意识。在参与中，公民才能切身体会自己的权利和义务，并逐渐形成理性的参与意识。

2. 监督意识

公民的监督意识正是权利制约权力机制的思想保障，国家权力受到人民的监督是人民主权原则的核心所在。

3. 责任意识

责任意识就是明确什么是责任，并自觉、认真履行社会职责和参加社会活动过程中的责任，把责任转化到行动中去的心理特征。

4. 法律意识——规则意识

由于每个人都拥有独立的意志，所以在民主管理的过程中，公民还必须有规则

意识，即依据明确的规则来协调各种相冲突的意志和行为，而不是由某个个人或某个利益集团决定，"这些规则都是公民共同合意的结果，或是通过国家予以确认，或者是通过习俗加以强化"。

二、学生公民意识教育的内容

公民意识教育是通过家庭、学校、社会等多渠道进行的。其中，学校是实施公民意识教育的主渠道。每一个学生在学校就应当能够接受比较系统而又清晰的公民意识教育。思想品德课历来都是公民教育的重要途径和主要阵地。一般来说，公民意识主要包括民主平等意识、法制纪律意识、爱国意识、环境保护意识、社会公德意识等。

1．民主与平等意识的培养

民主化和法制化是中国政治文明建设的必经之路。要把我国建设为高度民主的国家，就要从培养人开始，而学生时代是进行民主教育的最为适当的时期。民主教育的基本内容有自由意识、权利意识、参与意识、宽容意识。让学生正确认识自由的含义，伸张自己的自由权利，知道自由与法律、道德的界限，在今天这个时代是非常有必要的。平等意识也是公民意识的重要组成部分，公民的权利义务是一样的，这就意味着每个公民都是平等的。因此，我们在塑造人格的关键时期，尤其要重视公民平等意识的培养。

（1）让学生认同平等与尊重。在社会生活中，每个人都希望拥有一份与他人一样的平等权利，希望得到他人的尊重。青少年不仅要发展与他人沟通的能力，还要懂得接纳和尊重他人，才能欣赏和容纳不同的观点，促进人际关系的和谐，进而促进社会的和谐。

（2）走出封闭自我，学会关爱他人。公民素养不单纯是社会对人的一种要求，而且是受人欢迎和受人尊重的一个重要品质。培养学生关爱他人的意识，也是成长的重要内容。

（3）承担责任是合格公民必备的素质。生活在人与人之间更为相互依存的现今社会，学生应有更强的责任感，要学生了解个人行为对他人的影响，明白个人与社会的紧密关系。青少年必须不断反思，并身体力行，才能成为负责任的人，才能为家庭、社会、国家的和谐和发展作出贡献。

2．法制纪律意识培养

以法律为依据治理国家是政治文明的根本标志。作为一个国家的公民首先必须学会利用法律作为武器来保护自己。组织学生利用各种形式的学习，通过晨会、主题班会、新闻发布会、思想品德课等途径，培养学生的法律意识，让学生知法用法。

其实社会除了正式规定的各种制度之外，在种种明文规定的背后，都存在着不成文的又获得广泛认可的规矩，一种可以称为内部章程的东西。恰恰是这种东西，而不是冠冕堂皇的正式规定，支配着现实生活的运行。不讲规则或"潜规则"的学生在学习生活中也有其特殊的表现。比如学校开展活动，要求每个同学参加，但许多同学并没有参加，他们和他们的父母会为他们找各种理由。老师明知这是假的，但也无法追究。在公民意识教育中，要特别强调规则的教育，而这必须在学生身边一出现就开始抓，让学生懂得，规则是硬的，不能"具体问题具体分析"，"没有规矩，难成方圆"。

3．环境保护意识的培养

在现代化进程中，世界各国都面临着环境问题。培养学生对大自然和周围世界的高度责任感和珍惜的态度，是公民教育中不可缺少的内容。地球是人类的母亲，地球的生态受到了破坏，人类在地球上生存出现了问题。通过课题研究等活动，让学生明白，很多行为都会对环境造成污染，我们每个公民都要关心爱护自己生存的环境，具有保护环境的意识。让学生懂得从我做起，从小事做起，保护我们生存的地球，是我们的责任和义务。

4．社会公德意识的培养

社会公德虽然是一些最基本的社会公共生活的道德规范，但它却是社会道德体系的基础，是社会文明程度的重要表现。一个人的公德水平能够体现一个人的精神境界，一个国家公民的公德水平可以影响一个国家的形象。

我们有许多政治思想口号，有许多英雄榜样，需要学生背诵好多理想信念，但学生知行不一，部分学生道德情感淡漠，道德意志薄弱，一些学生在公共场所大声喧哗，乱丢垃圾，损害公物，随地吐痰。破坏了环境，也给人们的生活带来了许多

不便。学校要通过开展班级公民教育活动，提高学生的公德意识，进而能自觉遵守社会公德。

课堂调研与讨论

1. 你认为公民意识主要体现在以下哪些方面？

A. 参与意识　B. 监督意识　C. 责任意识　D. 法律意识、规则意识、法治意识

E. 纳税人意识　F. 生态意识　G. 公德、道德意识　H. 民主意识

我的选择：

2. 你认为具备怎样的特质才能算得上是"公民"呢？

A. 知法、懂法、会用法　B. 有独立思考能力　C. 清楚公德与私德的界限

D. 主动保护自己和他人的正当权益　E. 不畏强权，不盲从主流

F. 能参与国家的政策制定，对执政者进行监督

我的选择：

3. 你认为哪些是中职生缺乏道德信仰的原因？

A. 沉迷于网络生活　　　　　　　B. 社会风气的影响

C. 社会政治的冷漠与投机　　　　D. 过分早熟，自以为看透红尘

我的选择：

4. 职校期间，对于班级选举等民主选举，你的态度是？

A. 积极参与，认真投票　　　　　B. 正常参与，投票还算认真

C. 不太关心，随便填写选票　　　D. 毫不关心，一张选票起不了多大作用

我的选择：

5. 你怎么看待人与自然的关系？

A. 最大限度地利用自然，使自然完全为人类服务

B. 人类在保护自然的情况下，有制度、有规划地利用自然

C. 人类与自然互不相干，我们人类不去利用它也不要去伤害它

D. 没有什么看法，与我无关

我的选择：

6. 你觉得现在影响职校生公民意识形成和发展的因素有哪些？

A. 中职生自身因素　　　　　　B. 国家层面因素

C. 社会环境因素　　　　　　　D. 教育和文化传统因素

E.其他

我的选择：

7. 你认为职校生培养"公民意识"的重要性在于

A. 维护自身利益，提高自身修养　　B. 维持社会稳定，促进社会发展

C. 完善民主法制建设　　　　　　　D. 没什么特别重要的

我的选择：

8. 针对现状，你认为该如何培养中职生公民意识？

A. 通过老师和父母等帮助，让中职生能够认清自己在网络社会的定位，了解自己应该做什么和能做什么

B. 学校对于网络文化方向正确的教育引导

C. 国家应逐步构建规范的网络体系和及时整顿网络环境

我的选择：

【阅读材料】

新加坡的国民教育

1. 新加坡实施国民教育的背景

新加坡是一个城市国家，人口400万，位于马来半岛南段，是太平洋和印度洋之间的航运要道、马六甲海峡的出入口。1842年沦为英国殖民地；1942年被日军占领；1945年日军投降，英国恢复殖民地；1963年并入马来西亚；1965年，新加坡从马来西亚分离出来，成为一个独立的主权国家。独立之初，各族群的比例如下：汉族占76.8%，马来族占13.9%，印度族占7.9%，其他族群占1.4%。每一个族群都要保持他们各自的文化、宗教和语言，族群的差异成为国家身份和民族团结的障碍，如何让这些不同族群的国民在一个社会中树立国家意识，寻找到归属感，对国家充满感情从而促进国家和民族的团结，是放在新加坡政府面前的一大挑战。

2. 国民教育的历史渊源

为了国家发展的需要，通过学校教育体系，来加强国家意识的树立和国家认同感的形成，培养具有国民意识的人，在建国后的40多年里一直作为新加坡基础教育的

重中之重来贯彻和实施，并且随着历史的发展而不断发展。

（1）以公民教育为重点阶段（1965年至1979年）

20世纪60年代，新加坡教育部制定了学校道德教育和公民综合训练大纲，编写了公民课教学大纲，对全国中小学生实施统一要求的道德教育和公民训练；进入70年代，教育部对公民课教育大纲和教科书进行了重新审查，并在1974年，由教育部设计了"生活教育"课程，将公民课、历史课、地理课的知识融为一体，对学生进行道德教育和社会教育，主要在小学课程中进行，并力图通过这样的课程将不同文化之间的差异和冲突统一到对国家意识和公民责任的认同中来。

（2）开展全面的道德教育阶段（1979年至1991年）

1979年，新加坡发布了著名的《道德教育报告书》，并指出："过去20年来，新加坡在物质和社会方面有很大的变动，工业化的计划不但给我们带来繁荣，也带来了新的生活方式和道德标准，从而影响到我国人民道德水准低落，并造成社会问题。"在报告书中，新加坡政府全面反思了六七十年代德育教育中的失误和问题，并提出了新的全面的道德教育的计划框架，主要包括：道德教育科目是所有学校所有班级必须学习的科目，也是教师培训的必需科目；道德教育要综合个性和共性教育；道德教育不只是在学校进行，还要在家庭和社会中进行；课堂教学方法除了讲授外，还应当运用讨论、讲故事、参观和实践活动的方式来进行；道德教育作为主课，其地位为德、智、体、美、群之首；各种宗教教育和道德教育共存。根据报告书的要求，教育部编写了新的公民教育教材。1988年，在修订公民教育教材的过程中，为了强调东方价值观培养，新加坡开设了《儒家伦理》课程和6种宗教课。坚持倡导以儒家思想为基础的东方价值观，以传统价值观的弘扬来消除和抵御西方文化的不良影响。

（3）"共同价值观"的教育阶段（1991年至1997年）

新加坡国会在1991年1月正式通过了政府提出的"共同价值观"，其核心内容为："国家至上，社会为先；家庭为根，社会为本；关怀扶持，尊重个人；求同存异，协商共识；族群和谐，宗教宽容。"这种共同价值观的内容和精神核心既包括了儒家以国家利益为重的价值取舍，也包括了修身、齐家、治国的个人修养模式；既尊重西方文化中的个人价值，也强调了协作和谐的团体价值，是一套富有新加坡特色的价值体系。这一价值体系作为新加坡各族群人民必须共同遵守的道德准则在全社会得到广泛提倡，新加坡中小学的道德教育也以此共同价值观为基本原则展开推进。

（4）开展系统的国民教育阶段（1997年至今）

1998年,新加坡总理吴作栋宣布21世纪新加坡教育政策的新三大措施：创意思维教育、信息科技教育和国民教育。吴作栋在强调推行国民教育的重要性时指出："我国必须投资在我们的下一代。他们是我们的将来,我们要准备让他们去应付未来,充分发挥他们的潜能,培养他们的态度,使他们长大后能够照顾新加坡。"他又说:"国民教育,应该是培养出共同的国家意识,使学生了解我们的过去对今日和将来的影响。国民教育必须双管齐下,兼顾到认知和情感。"据此,新加坡教育部向360多所学校扩展了国民教育计划。这是在"共同价值观"教育基础上对国家意识教育的深化和扩展。国民教育计划的实施,也使国民教育从简单地促进族群和谐、进行国家认同、归属感的培养进入了一个更高的、更为系统的国民教育的阶段。这个计划包括:加强学生的国家意识感,让每名国人在求学的10~12年内,能全面和彻底了解身为新加坡人的意义,加深学生对祖国的认识,进而培养更强的献身精神。通过20集电视教育节目、寻访国家古迹、区域游学计划、国家意识资料,增强小学至高中生的国家意识。

3. 新加坡中小学国民教育的实施

新加坡全面的国民教育的实施,是在其长期致力于国民国家意识培养的基础上进行的,并且随着国民教育计划等一系列纲领性文件的出台,形成了一个比较完备的实施体系。

（1）国民教育的目标体系

在新加坡政府看来,国民教育是一个德与智并重的教育项目,要通过国民教育形成对国家的认知和情感。它的目的是:让学生在从小学到中职各阶段的求学期间受到潜移默化的教育和影响,在10~15年的时间内实现所有学生都能够正确认识新加坡、认同新加坡的发展目标。国民教育实施的主要目标是:

① 灌输核心价值观

通过学校教育体系实施的国民教育,立足于向学生灌输核心价值观。这种核心价值观主要强调新加坡建国和发展所依赖的根本条件:刻苦耐劳,爱国爱民,勤于学习,善于思考,不断开拓心胸和视野,具有崇高的品格,力求上进的精神。这些是促进新加坡实现发展的核心价值,也是确保新加坡不断繁荣进步的基础。通过国民教育的实施,全面培养各族群都能具有上述的核心价值观。

② 培养国家认同

在新加坡多元族群、多元宗教、多元文化的前提下,国民教育的实施是要通过多种途径的教育活动,使族群之间能够互相亲近、了解,对不同的宗教、文化等都能加以尊重和容忍,从而促进社会和谐,族群团结,共同建设新加坡;使每一个新加坡人,每一个族群都把新加坡当成自己的国家,并最终使得每个新加坡人都以新加坡在

发展中所取得的成就而感到自豪。

③ 加强历史认识

新加坡从早期的一个渔村，经历英国殖民统治到自治合并(与马来西亚)，然后到独立建国，这200多年的历史是曲折复杂的。侵略战争、族群骚乱、政治纷争、经济危机等，都是每个新加坡人所必须知道的，对于新加坡的下一代，充分了解建国的过程，能够产生一种激励作用，激励年轻一代在新加坡的发展建设中为国家的富强做出更大贡献。

④ 正视未来挑战

对于新加坡来说，国土和资源的限制使国家在新世纪中面临许多的挑战。新加坡是个很小的岛国，面积只有不到700平方公里，周围都是海水和邻国，缺乏土地从事农业生产，全国人口不过400万。通过国民教育的实施，让学生对于国家的种种局限有正确的认识，也为今后参与国家的建设打下基础；使学生懂得和了解新加坡的国情、优势和劣势，了解新加坡未来面临的挑战；同时也使学生产生忧患意识，为了应对挑战，在学习生活中做好准备建立信心。

（2）国民教育的主要内容

① 国家意识教育

新加坡从1997年开始，在中小学进行国家意识教育，为了让每名新加坡人在求学的10 ~12 年内，能够全面地了解国土狭小、自然资源奇缺和多元文化的国情，进而培养为国献身精神。新加坡教育部费时半年、耗资40万新元拟定了国家意识教育计划，分成3个主要部分：一是20集《我们是新加坡公民》教育电视节目。目的是灌输学生信念中的6大核心观念：社区精神、效忠与归属感、在国际社会中的生存能力、法律与秩序、实际的期望、权力与责任。小一到中四的学生都需要观看这套电视节目。二是学校组织中小学生去寻访国家古迹和区域游学计划。了解不同民族的由来和习俗、新加坡的局限，从而使学生能珍惜取得的成就。三是"我们的祖国,我们的人民"国家意识资料配套，使中小学生进一步了解新加坡所面对的局限及所需的求存能力。

② 公民与道德教育

公民与道德教育课程是新加坡学校道德教育的重要内容。通过这门课程，对学生进行公民与道德价值基本知识的讲授，使学生初步明确作为新加坡国民应享有的权利有哪些，又必须为国家尽什么义务，从而把国家提倡的为国尽忠的价值观念传递给学生。为了配合国民教育的实施，新加坡教育部课程发展署于1999年4月，把《好公民》课程改为《公民与道德教育》课程，对课程内容进行了重要改革，课程包含了5大模块，分别是：个性塑造、与家庭的联系、对学校的归属感、作为社会的一分子、以国家为荣并忠于国家。《公民与道德教育》课旨在引导学生从认识个人开始，然后扩展到家庭和学校，最后延伸到社会和国家。这5个模块构成了一个"同心圆"式的德育模式和内容体系。在具体的内容题材上将抽象的伦理思想与形象的生活事例相结合，将严肃的道德哲理与生动活泼的语言表述相结合，使其通俗化、具体化、现代化。

③ 儒家伦理教育

新加坡大部分中学都将儒家伦理教育课程作为必修课或选修课，其目的是培养具有崇高品格的新加坡公民。它的主要功能是：培养学生儒家的伦理价值观念；使学生认识华族在悠久历史中形成的固有道德观念和文化；培养学生积极的人生观，能够使学生将来过有意义的生活；帮助学生建立良好的人际关系。同时，为适应新加坡社会的现实需要，对儒家思想中"过时的"观念或内容进行了现代转化与创造。把"修身、齐家、治国、平天下"这一儒家伦理精髓通俗化、具体化、现代化了。在课程设计上，兼顾课程内容和教学形式，整个教学结构以东方价值观念为内容，而具体教学方法采用西方教育原理和方法为形式，显示出新加坡建设自身文化的特点。

4. 新加坡国民教育的"四大目标"和"指导方针"

（1）四大目标

① 培养国家认同，以新加坡为自豪；②加强历史知识，了解建国过程；③强调国家局限，了解未来挑战；④灌输核心价值，保持繁荣进步。

（2）指导方针

① 小学：爱护新加坡。侧重感性教育，培养正确的价值观和人生态度，以新加坡为豪；

② 中学：认识新加坡。从多方面掌握有关新加坡的知识，了解建国过程、面对的局限和挑战；

③ 工艺教育学院：认识新加坡。让学生认识到每个公民都是新加坡的一分子，无论为自己，为国为家庭，都必须努力工作求进步，负起保家卫国的责任；

④ 理工学院：领导新加坡。国家的继续生存和繁荣取决于他们的工作素质。

⑤ 初级学院：领导新加坡。扮演塑造国家未来前途的重要角色，为国家提出启发性的意见和建议；

⑥ 大学：领导新加坡。大学生必须认清，无论国家还是社区层次，社会各领域都有赖他们挺身而出，领导群众。作为制度的主要受惠人，大学生也要学习回馈社会，扶持较不幸的族群。

附 录

社会主义核心价值观

附录

社会主义核心价值观是社会主义核心价值体系的内核，体现社会主义核心价值体系的根本性质和基本特征，反映社会主义核心价值体系的丰富内涵和实践要求，是社会主义核心价值体系的高度凝练和集中表达。

党的十八大以来，中央高度重视培育和践行社会主义核心价值观。习近平总书记多次做出重要论述、提出明确要求。中央政治局围绕培育和弘扬社会主义核心价值观、弘扬中华传统美德组织集体学习。中共中央办公厅下发《关于培育和践行社会主义核心价值观的意见》。党中央的高度重视和有力部署，为加强社会主义核心价值观教育实践指明了努力方向，提供了重要遵循。

一、概念内涵

党的十八大提出，倡导富强、民主、文明、和谐，倡导自由、平等、公正、法治，倡导爱国、敬业、诚信、友善，积极培育和践行社会主义核心价值观。富强、民主、文明、和谐是国家层面的价值目标，自由、平等、公正、法治是社会层面的价值取向，爱国、敬业、诚信、友善是公民个人层面的价值准则，这24个字是社会主义核心价值观的基本内容。

"富强、民主、文明、和谐"，是我国社会主义现代化国家的建设目标，也是从价值目标层面对社会主义核心价值观基本理念的凝练，在社会主义核心价值观中居于最高层次，对其他层次的价值理念具有统领作用。富强即国富民强，是社会主义现代化国家经济建设的应然状态，是中华民族梦寐以求的美好夙愿，也是国家繁荣昌盛、人民幸福安康的物质基础。民主是人类社会的美好诉求。我们

追求的民主是人民民主，其实质和核心是人民当家作主。它是社会主义的生命，也是创造人民美好幸福生活的政治保障。文明是社会进步的重要标志，也是社会主义现代化国家的重要特征。它是社会主义现代化国家文化建设的应有状态，是对面向现代化、面向世界、面向未来的，民族的科学的大众的社会主义文化的概括，是实现中华民族伟大复兴的重要支撑。和谐是中国传统文化的基本理念，集中体现了学有所教、劳有所得、病有所医、老有所养、住有所居的生动局面。它是社会主义现代化国家在社会建设领域的价值诉求，是经济社会和谐稳定、持续健康发展的重要保证。

"自由、平等、公正、法治"，是对美好社会的生动表述，也是从社会层面对社会主义核心价值观基本理念的凝练。它反映了中国特色社会主义的基本属性，是我们党矢志不渝、长期实践的核心价值理念。自由是指人的意志自由、存在和发展的自由，是人类社会的美好向往，也是马克思主义追求的社会价值目标。平等指的是公民在法律面前的一律平等，其价值取向是不断实现实质平等。它要求尊重和保障人权，人人依法享有平等参与、平等发展的权利。公正即社会公平和正义，它以人的解放、人的自由平等权利的获得为前提，是国家、社会应然的根本价值理念。法治是治国理政的基本方式，依法治国是社会主义民主政治的基本要求。它通过法制建设来维护和保障公民的根本利益，是实现自由平等、公平正义的制度保证。

"爱国、敬业、诚信、友善"，是公民基本道德规范，是从个人行为层面对社会主义核心价值观基本理念的凝练。它覆盖社会道德生活的各个领域，是公民必须恪守的基本道德准则，也是评价公民道德行为选择的基本价值标准。爱国是基于个人对自己祖国依赖关系的深厚情感，也是调节个人与祖国关系的行为准则。它同社会主义紧密结合在一起，要求人们以振兴中华为己任，促进民族团结、维护祖国统一、自觉报效祖国。敬业是对公民职业行为准则的价值评价，要求公民忠于职守，克己奉公，服务人民，服务社会，充分体现了社会主义职业精神。诚信即诚实守信，是人类社会千百年传承下来的道德传统，也是社会主义道德建设的重点内容，它强调诚实劳动、信守承诺、诚恳待人。友善强调公民之间应互相尊重、互相关心、互相帮助，和睦友好，努力形成社会主义的新型人际关系。

二、发展历程

新中国的建立，确立了以社会主义基本政治制度、基本经济制度和以马克思主义为指导思想的社会主义意识形态，为社会主义核心价值体系建设奠定了政治前提、物质基础和文化条件。改革开放以来，我国社会主义意识形态建设不断进行新的探索，提出了从建设社会主义核心价值体系到以"三个倡导"为内容，积极培育和践行社会主义核心价值观的重要论断和战略任务。

1978年12月，党的十一届三中全会重新恢复和确立了实事求是的思想路线，坚持把马克思主义与改革开放和我国社会主义建设伟大实践相结合，科学继承了毛泽东思想，创立了邓小平理论、"三个代表"重要思想、科学发展观等马克思主义中国化最新成果，马克思主义在意识形态领域的指导地位不断巩固。

2006年3月，我们党提出了"八荣八耻"的社会主义荣辱观，继承和发展了我们党关于社会主义思想道德建设褒荣贬耻、我国古代的"知耻"文化传统，同时又赋予了新的时代内涵，深化了我们党对社会主义道德建设规律的认识。

2006年10月，党的十六届六中全会第一次明确提出了"建设社会主义核心价值体系"的重大命题和战略任务，明确提出了社会主义核心价值体系的内容，并指出社会主义核心价值观是社会主义核心价值体系的内核。学界对社会主义核心价值观的概括开始深入探讨。

2007年10月，党的十七大进一步指出了社会主义核心价值体系是社会主义意识形态的本质体现。

2011年10月，党的十七届六中全会强调，社会主义核心价值体系是"兴国之魂"，建设社会主义核心价值体系是推动文化大发展大繁荣的根本任务。提炼和概括出简明扼要、便于传播践行的社会主义核心价值观，对于建设社会主义核心价值体系具有重要意义。

2012年11月，中共十八大报告明确提出"三个倡导"，即"倡导富强、民主、文明、和谐，倡导自由、平等、公正、法治，倡导爱国、敬业、诚信、友善，积极培育社会主义核心价值观"，这是对社会主义核心价值观的最新概括。

2013年12月，中共中央办公厅印发《关于培育和践行社会主义核心价值观的意见》，明确提出，以"三个倡导"为基本内容的社会主义核心价值观，与中国特色社会主义发展要求相契合，与中华优秀传统文化和人类文明优秀成果相承接，是我们党凝聚全党全社会价值共识作出的重要论断。

三、价值意义

面对世界范围思想文化交流交融交锋形势下价值观较量的新态势，面对改革开放和发展社会主义市场经济条件下思想意识多元多样多变的新特点，积极培育和践行社会主义核心价值观，对于巩固马克思主义在意识形态领域的指导地位、巩固全党全国人民团结奋斗的共同思想基础，对于促进人的全面发展、引领社会全面进步，对于集聚全面建成小康社会、实现中华民族伟大复兴中国梦的强大正能量，具有重要现实意义和深远历史意义。

从适应国内国际大局深刻变化看，我国正处在大发展大变革大调整时期，在前所未有的改革、发展和开放进程中，各种价值观念和社会思潮纷繁复杂。国际敌对势力正在加紧对我实施西化分化战略图谋，思想文化领域是他们长期渗透的重点领域。面对世界范围思想文化交流交融交锋形势下价值观较量的新态势，面对改革开放和发展社会主义市场经济条件下思想意识多元多样多变的新特点，迫切需要我们积极培育和践行社会主义核心价值观，扩大主流价值观念的影响力，提高国家文化软实力。

从推进国家治理体系和治理能力现代化要求看，培育和弘扬核心价值观，有效整合社会意识，是国家治理体系和治理能力的重要方面。全面深化改革，完善和发展中国特色社会主义制度，推进国家治理体系和治理能力现代化，必须解决好价值体系问题，加快构建充分反映中国特色、民族特性、时代特征的价值体系，在全社会大力培育和弘扬社会主义核心价值观，提高整合社会思想文化和价值观念的能力，掌握价值观念领域的主动权、主导权、话语权，引导人们坚定不移地走中国道路。

从提升民族和人民的精神境界看，核心价值观是精神支柱，是行动向导，对丰富人们的精神世界、建设民族精神家园，具有基础性、决定性作用。一个人、一个民族能不能把握好自己，很大程度上取决于核心价值观的引领。发展起来的当代中国，更加向往美好的精神生活，更加需要强大的价值支撑。要振奋起人们的精气神、增强全民族的精神纽带，必须积极培育和践行社会主义核心价值观，铸就自立于世界民族之林的中国精神。

从实现民族复兴中国梦的宏伟目标看，核心价值观是一个国家的重要稳定器，构建具有强大凝聚力感召力的核心价值观，关系社会和谐稳定，关系国家长治久安。实现"两个一百年"的奋斗目标，实现中华民族伟大复兴的中国梦，必须有广泛的价值共识和共同的价值追求。这就要求我们持续加强社会主义核心价值体系和核心价值观建设，巩固全党全国各族人民团结奋斗的共同思想基础，凝聚起实现中华民族伟大复兴的中国力量。

四、基本原则

坚持以人为本，尊重群众主体地位，关注人们利益诉求和价值愿望，促进人的全面发展；坚持以理想信念为核心，抓住世界观、人生观、价值观这个总开关，在全社会牢固树立中国特色社会主义共同理想，着力铸牢人们的精神支柱；坚持联系实际，区分层次和对象，加强分类指导，找准与人们思想的共鸣点、与群众利益的交汇点，做到贴近性、对象化、接地气；坚持改进创新，善于运用群众喜闻乐见的方式，搭建群众便于参与的平台，开辟群众乐于参与的渠道，积极推进理念创新、手段创新和基层工作创新，增强工作的吸引力和感染力。

五、践行路径

高举中国特色社会主义伟大旗帜，以邓小平理论、"三个代表"重要思想、科学发展观为指导，深入学习贯彻党的十八大精神和习近平同志系列讲话精神，紧紧围绕坚持和发展中国特色社会主义这一主题，紧紧围绕实现中华民族伟大复兴中国梦这一目标，紧紧围绕"三个倡导"这一基本内容，注重宣传教育、示范引领、实践养成相统一，注重政策保障、制度规范、法律约束相衔接，使社会主义核心价值观融入人们生产生活和精神世界，激励全体人民为夺取中国特色社会主义新胜利而不懈奋斗。

一方面，把培育和践行社会主义核心价值观融入国民教育全过程。

培育和践行社会主义核心价值观要从小抓起、从学校抓起。坚持育人为本、德育为先，围绕立德树人的根本任务，把社会主义核心价值观纳入国民教育总体规划，贯穿于基础教育、高等教育、职业技术教育、成人教育各领域，落实到教育教学和管理服务各环节，覆盖到所有学校和受教育者，形成课堂教学、社会实践、校园文化多位一体的育人平台，不断完善中华优秀传统文化教育，形成爱学习、爱劳动、爱祖国活动的有效形式和长效机制，努力培养德智体美全面发展的社会主义建设者和接班人。适应青少年身心特点和成长规律，深化未成年人思想道德建设和大学生思想政治教育，构建大中小学有效衔接的德育课程体系和教材体系，创新中小学德育课和高校思想政治理论课教育教学，推动社会主义核心价值观进教材、进课堂、进学生头脑。完善学校、家庭、社会三结合的教育网络，引导广大家庭和社会各方面主动配合学校教育，以良好的家庭氛围和社会风气巩固学校教育成果，形成家庭、社会与学校携手育人的强大合力。

拓展青少年培育和践行社会主义核心价值观的有效途径。注重发挥社会实践的养成作用，完善实践教育教学体系，开发实践课程和活动课程，加强实践育人基地建设，打造大学生校外实践教育基地、高职实训基地、青少年社会实践活动基地，组织青少年参加力所能及的生产劳动和爱心公益活动、益德益智的科研发明和创新创造活动、形式多样的志愿服务和勤工俭学活动。注重发挥校园文化的熏陶作用，加强学校报刊、广播电视、网络建设，完善校园文化活动设施，重视校园人文环境培育和周边环境整治，建设体现社会主义特点、时代特征、学校特色的校园文化。

建设师德高尚、业务精湛的高素质教师队伍。实施师德师风建设工程，坚持师德为上，完善教师职业道德规范，健全教师任职资格准入制度，将师德表现作为教师考核、聘任和评价的首要内容，形成师德师风建设长效机制。着重抓好学校党政干部和共青团干部，思想品德课、思想政治理论课和哲学社会科学课教师，辅导员和班主任队伍建设。引导广大教师自觉增强教书育人的荣誉感和责任感，学为人师、行为世范，做学生健康成长的指导者和引路人。

另一方面，把培育和践行社会主义核心价值观落实到经济发展实践和社会治理中。

确立经济发展目标和发展规划，出台经济社会政策和重大改革措施，开展各项生产经营活动，要遵循社会主义核心价值观要求，做到讲社会责任、讲社会效益、讲守法经营、讲公平竞争、讲诚信守约，形成有利于弘扬社会主义核心价值观的良好政策导向、利益机制和社会环境。与人们生产生活和现实利益密切相关的具体政策措施，要注重经济行为和价值导向有机统一，经济效益和社会效益有机统一，实现市场经济和道德建设良性互动。建立完善相应的政策评估和纠偏机制，防止出现具体政策措施与社会主义核心价值观相背离的现象。

法律法规是推广社会主流价值的重要保证。要把社会主义核心价值观贯彻到依法治国、依法执政、依法行政实践中，落实到立法、执法、司法、普法和依法治理各个方面，用法律的权威来增强人们培育和践行社会主义核心价值观的自觉性。厉行法治，严格执法，公正司法，捍卫宪法和法律尊严，维护社会公平正义。加强法制宣传教育，培育社会主义法治文化，弘扬社会主义法治精神，增强全社会学法懂法守法用法意识。注重把社会主义核心价值观相关要求上升为具体法律规定，充分发挥法律的规范、引导、保障、促进作用，形成有利于培育和践行社会主义核心价值观的良好法治环境。

要把践行社会主义核心价值观作为社会治理的重要内容，融入制度建设和治理工作中，形成科学有效的诉求表达机制、利益协调机制、矛盾调处机制、权益保障机制，最大限度地增进社会和谐。创新社会治理，完善激励机制，褒奖善行义举，实现治理效能与道德提升相互促进，形成好人好报、恩将德报的正向效应。完善市民公约、村规民约、学生守则、行业规范，强化规章制度实施力度，在日常治理中鲜明彰显社会主流价值，使正确行为得到鼓励、错误行为受到谴责。

六、宣传教育

用社会主义核心价值观引领社会思潮、凝聚社会共识。深入开展中国特色社会主义和中国梦宣传教育，不断增强人们的道路自信、理论自信、制度自信，坚定全社会全面深化改革的意志和决心。把社会主义核心价值观学习教育纳入各级党委（党组）中心组学习计划，纳入各级党委讲师团经常性宣讲内容。深入研究

社会主义核心价值观的理论和实际问题，深刻解读社会主义核心价值观的丰富内涵和实践要求，为实践发展提供学理支撑。深入推进马克思主义理论研究和建设工程，发挥国家社科基金的导向带动作用，推出更多有分量有价值的研究成果。加强社会思潮动态分析，强化社会热点难点问题的正面引导，在尊重差异中扩大社会认同，在包容多样中形成思想共识。严格社团、讲座、论坛、研讨会、报告会的管理。

新闻媒体要发挥传播社会主流价值的主渠道作用。坚持团结稳定鼓劲、正面宣传为主，牢牢把握正确舆论导向，把社会主义核心价值观贯穿到日常形势宣传、成就宣传、主题宣传、典型宣传、热点引导和舆论监督中，弘扬主旋律，传播正能量，不断巩固壮大积极健康向上的主流思想舆论。党报党刊、通讯社、电台电视台要拿出重要版面时段、推出专栏专题，出版社要推出专项出版，运用新闻报道、言论评论、访谈节目、专题节目和各类出版物等形式传播社会主义核心价值观。都市类、行业类媒体要增强传播主流价值的社会责任，积极发挥自身优势，适应分众化特点，多联系群众身边事例，多运用大众化语言，在生动活泼的宣传报道中引导人们培育和践行社会主义核心价值观。强化传播媒介管理，不为错误观点提供传播渠道。新闻出版单位和从业人员要强化行业自律，切实增强传播社会主义核心价值观的责任意识和能力，将个人道德修养作为从业资格考评重要内容。

建设社会主义核心价值观的网上传播阵地。适应互联网快速发展形势，善于运用网络传播规律，把社会主义核心价值观体现到网络宣传、网络文化、网络服务中，用正面声音和先进文化占领网络阵地。做大做强重点新闻网站，发挥主要商业网站建设性作用，形成良好的网上舆论环境，集聚网上舆论引导合力。做好重大信息网上发布，回应网民关切，主动有效进行网上引导。推动中华优秀传统文化和当代文化精品网络化传播，创作适于新兴媒体传播、格调健康的网络文化作品。依法加强网络社会管理，加强对网络新技术新应用的管理，推进网络法制建设，规范网上信息传播秩序，整治网络淫秽色情和低俗信息，打击网络谣言和违法犯罪，使网络空间清朗起来。

发挥精神文化产品育人化人的重要功能。一切文化产品、文化服务和文化活动，都要弘扬社会主义核心价值观，传递积极人生追求、高尚思想境界和健康生活情趣。提升文化产品的思想品格和艺术品位，用思想性艺术性观赏性相统一的优秀作品，弘扬真善美，贬斥假恶丑。加强对新型文化业态、文化样式的引导，让不同类型文化产品都成为弘扬社会主流价值的生动载体。加大对优秀文化产品的推广力度，开展优秀文化产品展演展映展播活动、经典作品阅读观看活动。完善文化产品评价体系，坚持文艺评论评奖的正确价值取向。完善公共文化服务体系，提供均等优质的文化产品，开展多姿多彩的文化活动，丰富群众精神文化生活。

七、实践活动

广泛开展道德实践活动。以诚信建设为重点，加强社会公德、职业道德、家庭美德、个人品德教育，形成修身律己、崇德向善、礼让宽容的道德风尚。大力宣传先进典型，评选表彰道德模范，形成学习先进、争当先进的浓厚风气。在国家博物馆设立英模陈列馆。深化公民道德宣传日活动，组织道德论坛、道德讲堂、道德修身等活动。加强政务诚信、商务诚信、社会诚信和司法公信建设，开展道德领域突出问题专项教育和治理，完善企业和个人信用记录，健全覆盖全社会的征信系统，加大对失信行为的约束和惩戒力度，在全社会广泛形成守信光荣、失信可耻的氛围。把开展道德实践活动与培育廉洁价值理念相结合，营造崇尚廉洁、鄙弃贪腐的良好社会风尚。

深化学雷锋志愿服务活动。大力弘扬雷锋精神，广泛开展形式多样的学雷锋实践活动，采取措施推动学雷锋活动常态化。以城乡社区为重点，以相互关爱、服务社会为主题，围绕扶贫济困、应急救援、大型活动、环境保护等方面，围绕空巢老人、留守妇女儿童、困难职工、残疾人等群体，组织开展各类形式的志愿服务活动，形成我为人人、人人为我的社会风气。把学雷锋和志愿服务结合起来，建立健全志愿服务制度，完善激励机制和政策法规保障机制，把学雷锋志愿服务活动做到基层、做到社区、做进家庭。

深化群众性精神文明创建活动。各类精神文明创建活动要在突出社会主义核心价值观的思想内涵上求实效。推进文明城市、文明村镇、文明单位、文明家庭等创建活动，开展全民阅读活动，不断提升公民文明素质和社会文明程度。广泛开展美

丽中国建设宣传教育。开展礼节礼仪教育，在重要场所和重要活动中升挂国旗、奏唱国歌，在学校开学、学生毕业时举行庄重简朴的典礼，完善重大灾难哀悼纪念活动，使礼节礼仪成为培育社会主流价值的重要方式。加强对公民文明旅游的宣传教育、规范约束和社会监督，增强公民旅游的文明意识。

发挥优秀传统文化怡情养志、涵育文明的重要作用。中华优秀传统文化积淀着中华民族最深沉的精神追求，包含着中华民族最根本的精神基因，代表着中华民族独特的精神标识，是中华民族生生不息、发展壮大的丰厚滋养。建设优秀传统文化传承体系，加大文物保护和非物质文化遗产保护力度，加强对优秀传统文化思想价值的挖掘，梳理和萃取中华文化中的思想精华，作出通俗易懂的当代表达，赋予新的时代内涵，使之与中国特色社会主义相适应，让优秀传统文化在新的时代条件下不断发扬光大。重视民族传统节日的思想熏陶和文化教育功能，丰富民族传统节日的文化内涵，开展优秀传统文化教育普及活动，培育特色鲜明、气氛浓郁的节日文化。增加国民教育中优秀传统文化课程内容，分阶段有序推进学校优秀传统文化教育。开展移风易俗，创新民俗文化样式，形成与历史文化传统相承接、与时代发展相一致的新民俗。

发挥重要节庆日传播社会主流价值的独特优势。开展革命传统教育，加强对革命传统文化时代价值的阐发，发扬党领导人民在革命、建设、改革中形成的优良传统，弘扬民族精神和时代精神。挖掘各种重要节庆日、纪念日蕴藏的丰富教育资源，利用五四、七一、八一、十一等政治性节日，三八、五一、六一等国际性节日，党史国史上重大事件、重要人物纪念日等，举办庄严庄重、内涵丰富的群众性庆祝和纪念活动。利用党和国家成功举办大事、妥善应对难事的时机，因势利导地开展各类教育活动。加强爱国主义教育基地建设，形成实体展馆与网上展馆相结合、涵盖各个历史时期的爱国主义教育基地体系。推进公共博物馆、纪念馆、爱国主义教育基地和文化馆、图书馆、美术馆、科技馆等免费开放，积极发展红色旅游。

运用公益广告传播社会主流价值、引领文明风尚。围绕社会主义核心价值观，加强公益广告的选题规划和内容创意，形成公益广告传播先进文化、传扬新风正气的强大声势。加大公益广告刊播力度，广播电视、报纸期刊要拿出黄金时段、重要版面和显著位置，持续刊播公益广告。互联网和手机媒体要发挥传输快捷、覆盖广泛的优势，运用多种方式扩大公益广告的影响力。社会公共场所、公共交通工具要在适当位置悬挂张贴公益广告。各类公益广告要注重导向鲜明、富有内涵、引人向上，注重形式多样、品位高雅、创意新颖，体现时代感厚重感，增强传播力和感染力。